本研究成果获得山西省高等学校教学改革创新项目（思想政治理论课）：
"山西省大思政课建设质量监测及优化路径研究"（2022JGSZ005）的资助

公众参与我国共享经济
协同监管的驱动机理及引导策略研究

以共享单车行业为例

周星◎著

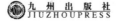

九州出版社
JIUZHOUPRESS

图书在版编目（CIP）数据

公众参与我国共享经济协同监管的驱动机理及引导策略研究：以共享单车行业为例 / 周星著 . -- 北京：九州出版社，2023.8

ISBN 978-7-5225-1905-0

Ⅰ . ①公… Ⅱ . ①周… Ⅲ . ①自行车—租赁业—经济资源—资源共享—研究—中国 Ⅳ . ① F512.3

中国国家版本馆 CIP 数据核字 (2023) 第 102018 号

公众参与我国共享经济协同监管的驱动机理及引导策略研究：
以共享单车行业为例

作　　者	周　星　著
责任编辑	郭荣荣
出版发行	九州出版社
地　　址	北京市西城区阜外大街甲 35 号（100037）
发行电话	（010）68992190/3/5/6
网　　址	www.jiuzhoupress.com
印　　刷	三河市龙大印装有限公司
开　　本	710 毫米 ×1000 毫米　16 开
印　　张	15.25
字　　数	196 千字
版　　次	2025 年 4 月第 1 版
印　　次	2025 年 4 月第 1 次印刷
书　　号	ISBN 978-7-5225-1905-0
定　　价	75.00 元

前　言

　　共享经济作为一种新兴的商业模式和经济形态,是未来推动全球经济增长的新趋势。然而,共享经济的快速发展也带来诸多负外部性问题,对社会经济秩序造成了剧烈冲击和破坏,亟待政府将其纳入监管体系之中。共享经济依托互联网实现了所有权和使用权的分离,对传统基于产权建立的管控型监管模式造成巨大冲击,引发众多社会监管与治理的新问题,迫切需要政府、企业和公众等主体协同参与。公众参与是共享经济健康发展的基础条件和实现协同治理的基本要求。激励公众主动参与我国共享经济协同监管成为提升治理效能、打造共建共治共享社会治理格局的必然要求。

　　本研究以协同治理理论、回应性监管理论和共同生产理论为基础,以共享单车为案例背景,采用质性与定量相结合的混合研究方法,从公众参与协同监管治理的视角对我国共享经济面临的监管难题展开了理论分析和实证研究。

　　公众应当是共享单车监管活动的"共同生产者"而非单纯的企业顾客或被管理者。公众参与有利于提升政府监管效能,是实现协同监管治理的基本要求。但是,在我国共享单车协同监管与治理实践中,公众的共同生产者角色容易被忽视,导致多元协同合作被简化为政府与企业间

1

的二元监管模式，存在公众参与不足的现象。

公众参与合作监管是共同生产的基本内涵。本研究运用扎根理论方法探索影响公众参与共享单车服务共同生产的主要因素，包括社会交换因素（物质激励、精神激励、社交激励和规范感召）、社会心理因素（自我效能、结果预期和服务认同）、社会环境因素（社会信任）以及骑行者属性。在此基础上，将公众共同生产行为划分为遵从共享单车服务规范和参与监管维护两个维度，进一步构建了驱动公众参与共享单车服务共同生产的作用机理。然后，使用问卷数据对模型进行了实证检验。社会心理因素和社会交换因素均会提升公众参与共享单车服务共同生产的积极性，但影响方式和强度存在着较大差异。当公众认同共享单车服务的公共价值，认为自己具备参与协同监管的能力，并且受到物质、精神的激励以及道德规范的影响时，他们会更积极地参与到共享单车的监管治理中。社会信任起到正向的调节作用，有助于强化社会公众的心理认知，促进社会心理因素和社会交换因素向共同生产行为的转化。

公众参与共享单车监管应该是"持续性参与"而非"一次性参与"或者"偶发性参与"。共同生产活动作为一项"认知—生产"的多阶段迭代行动过程，激发公众持续参与积极性成为确保共同生产良性运行，逐步构建协同监管体系的重要内容。本研究将公众参与共同生产过程划分为初始阶段和持续阶段，进一步探索了在持续阶段公众参与共享单车协同监管的影响因素和驱动机理。公众感知价值既会直接影响个人持续参与共享单车监管维护行为，也会通过满意度的中介作用间接产生影响。同侪影响会以理解、支持和鼓励等方式影响公众的价值感知与满意度，从而提升公众继续参与的行为意愿。制度环境作为外部因素，在公众价值感知、满意度和持续参与共享单车监管维护行为间起正向的调节作用。

在构建和检验公众参与我国共享经济协同监管驱动机理的基础上，从思想认知、制度构建、技术完善和社会信任四个维度提出公众参与我国共享经济协同监管的主要障碍和引导策略。要推动传统思维升级，培育公众协同监管理念；加快体制机制建设，提升公众协同监管能力；破除信息技术壁垒，保障公众协同监管地位；优化社会信用环境，激发公众协同监管动力。这些对策建议为构建多元协同的监管与治理体系提供了重要启示。

目　录

第一章

绪 论

第一节　研究背景

一、现实背景

随着信息技术的发展和完善，共享经济在全世界正以前所未有的速度迅猛发展。共享经济又被称为"分享经济"或者"协同消费"，作为一种新兴的经济形态和商业模式，在国外最早诞生了优步（Uber）、爱彼迎（Airbnb）、维基百科（Wikipedia）以及 Zopa 等企业项目，极大满足人们的多元化需求并提升了市场经济效率。中国的共享经济起步虽然晚于国外，但后来居上，在 2015 年前后迅速涌现出滴滴出行、摩拜单车（Mobike）、途家网、饿了吗、春雨医生、猪八戒网、知乎等，涉及交通出行、房屋租赁、餐饮、医疗、旅游、学习等众多领域，迅速占领中国市场并走向国际。[①] 2016 年 3 月，共享经济首次被写入《政府工作报告》之中。李克强总理明确指出，要"支持共享经济发展，提高资源利用效

---

① 国家信息中心信息化研究部、中国互联网协会分享经济工作委员会：《中国分享经济发展报告 2020》，国家信息中心，2020 年 3 月 9 日。

率""以体制机制创新促进共享经济发展"。① 然而，共享经济作为一种全新的商业模式，必然遭遇"成长的烦恼"。例如，许多新业态游走在监管的"灰色地带"；对原有商业模式和经济秩序造成巨大冲击，引发传统从业者的抵制和抗议；缺乏有效的盈利模式，同质化竞争严重，浪费社会资源，以及社会公众缺乏应有的道德素质和"共享"意识，偷窃、破坏、私占共享类产品事件频发等。这一系列负外部性问题都使政府努力加快探索制定适应共享经济发展监管体系的步伐，构建多方参与的协同治理新模式。自2016年来，从中央到地方都在不断探索和创新监管措施，并颁布了大量的政策法规，初步建立起了制度化的监管框架。但是如何构建协同治理机制、引导各方尤其是社会公众主动参与到共享经济的监管活动中仍然处在摸索阶段，打造共建共治共享的社会治理格局任重而道远。

1. 共享经济是未来推动全球经济增长的新趋势

共享经济的概念是在20世纪80年代被提出的。近年来，随着信息技术以及其他各方面条件的完善，全球共享经济快速增长并呈现出井喷式发展的态势，尤其是爱彼迎（Airbnb）、优步（Uber）、滴滴出行等一大批"独角兽"企业的迅速崛起，使共享经济这一新经济模式成为全球经济复苏图谱中异常活跃的热点。2014年以来，共享经济从欧美不断向亚太、非洲等地区的上百个国家扩张，共享的领域也从最初的汽车、房屋迅速扩大到教育、金融、医疗、生产制造、餐饮服务等众多行业，逐步形成一个"共享的世界"。虽然，中国的共享经济起步落后于欧美国家，但是后来居上并逐步进入国际市场。根据国家信息中心发布的《中国分享经济发展报告》显示，2015年中国共享经济市场规模约为19560亿元，参与该活动的总人数超过5亿人，参与提供服务者人数约为5000万人；

---

① 李克强：《政府工作报告》，中国政府网，http：//www.gov.cn/guowuyuan/2016-03/05/content_5049372.htm。

2019 年，我国共享经济交易规模达到 32828 亿元，参与者人数约 8 亿人，参与提供服务者人数约 7800 万人。2015 年至 2019 年，我国共享经济以超过 30% 的年均增长率飞速发展，产生了几十家具有典型共享经济属性的"独角兽"企业并拓展至国际市场，共享范围也逐步从交通出行、生活服务、房屋短租等日常生活行业扩展至生产制造、知识技能、医疗服务等众多领域。[①] 新冠肺炎疫情暴发以后，虽然共享经济也受到影响，但市场规模持续扩大，为促进我国经济高质量发展做出重要贡献。[②]

共享经济是信息技术革命发展到一定阶段产生的新经济形态。它将产权裂变为支配权和使用权，利用互联网平台的高效匹配，使供需双方获得最大化的合作剩余，是连接供需双方的最优化资源配置方式，因而成为未来培养经济增长的新趋势以及推动经济增长的新动能。共享经济模式推动经济发展的作用主要体现在以下三个方面。首先，整合利用了社会闲置资源，扩大有效供给。共享经济强调物品的使用权而非所有权，消费者购买的大多是他人的闲置资源，以及社会机构和个人的闲置时间、闲置技能等。它不需要消耗社会新资源，也不直接产生出新产品，而是通过协作的方式充分调动最优质的闲置资源，不断扩大全社会的有效供给并改善供给质量，促进了我国供给侧结构性改革的推进。其次，利用互联网共享平台实现了精确的供需匹配，极大地提高了资源利用效率。在传统经济模式中，由于缺乏便捷的交流平台，企业无法准确把握市场变化和消费者需求。因此，供需双方信息不对称造成了企业产能过剩、库存挤压等问题。罗宾·蔡斯（Robin Chase）认为，开发利用过剩产能的成本必然低于重新购买，而且所用时间和精力也更少。[③] 共享经济使消

---

① 国家信息中心信息化研究部、中国互联网协会分享经济工作委员会：《中国分享经济发展报告2020》，国家信息中心，2020 年 3 月。
② 国家信息中心信息化和产业发展部分享经济研究中心：《中国共享经济发展报告2023》，国家信息中心，2023 年 2 月。
③ ［美］罗宾·蔡斯：《共享经济：重构未来商业新模式》，王芮译，浙江人民出版社，2015，第39 页。

费者参与到生产环节中，利用互联网平台实现了消费者需求的透明化、内部化，打破了传统经济模式中生产者和消费者角色割裂的局面，因而生产者能够及时根据消费者的意愿进行精确生产，避免了供给脱离实际需求的窘境，提高了资源利用率。再次，降低了市场交易成本，促进了共享和效率的良性循环。人们参与共享活动的根本动力是为了获取共享合作剩余。共享平台打破了传统时间和空间的局限，降低交易门槛，建立起相应的信用评价体系和信息管理制度，构筑了开展共享活动的基础条件。而开放的共享资源能够吸引越来越多的人参与到共享活动中，不断扩大共享生活的范围，并带来新的合作剩余，使共享活动无限接近于零边际成本，逐步实现越分工、效率越高的良性循环。

当前，我国经济已经由高速增长阶段转向高质量发展阶段，资源环境约束趋紧，转型发展的压力越来越重。共享经济契合了我国"创新、协调、绿色、开放、共享"的新发展理念，拥有国内良好的经济发展环境和世界第一的网民规模，享受到"互联网+"行动计划、创新驱动发展战略等带来的政策红利，因而在中国迅速发展壮大，产生了一大批共享经济类型企业。这对于解决我国产能过剩问题、促进传统行业转型发展、推动创新创业以及培育新的经济增长点具有重要的现实意义。例如，在领跑共享经济的交通出行领域中，网约车和共享单车对人们的出行方式创新和传统产业机构升级产生了巨大影响。网络预约出租汽车（以下简称"网约车"）是一种基于互联网平台的精确匹配并利用社会闲置汽车资源为公众提供多样化出行服务的共享经济模式。这一模式将社会闲置的交通资源进行了优化配置，解决了传统出租车市场"打车难、打车贵"的问题，以随叫随到、投诉及时等特点满足了消费者的差异化、个性化出行的需求，受到市场和人们的青睐。根据艾媒咨询数据显示，2018 年中国网约车用户规模增至 2.85 亿人，较 2015 年 0.98 亿人的用户规模猛增了近 2 倍，成为大众出行的重要选择方式。[1] 到 2022 年，网约车用户规模已经超过 4 亿人，在广大网民中普及率达到 38.54%。[2]网约车的出现不仅在于提高公众的出行效率，更利用互联网技术推动传统出租车行业转型升级，降低空驶率、提升了城市道路和车辆资源的利用效率，彻底打破了出租车的市场垄断。此外，网约车在供给端创造了大量就业岗位，有利于缓解我国严峻的就业压力。互联网租赁自行车（以下称"共享单车"）则依托于移动支付、GPS 卫星定位等互联网技术，高效解决了公众短途出行"最后一公里"的难题。相对于政府提供的城市有桩自行车，共享单车更加便捷、环保、自由，因而迅速"爆红"并逐步融入城市公共交通体系之中，被称为"需求驱动的公共服务创新"。2018 年，中国共享单车用户规模达到 2.35 亿人，54.9% 的用户每周使用共享单车在 5 次以上。[2] 截止到 2019 年 8 月底，我国共享单车共有 1950 万辆，覆盖全国 360 个城市，注册用户数超过 3 亿人次。[3] 2020 年以后，全国共享单车数量相对稳定，但共享电单车投放规模却迅速扩张。2021 年中国共享电单车的数量接近 400 万辆，其收入规模达到 93.6 亿元。[4] 共享单车及共享电单车的出现使传统自行车行业再度崛起，极大缓解了城市道路资源紧张的现状，有利于推动低碳环保、集约高效的绿色共享出行体系的构建。

2. 共享经济对政府监管与治理形成严峻的考验

自 2016 年以来，我国共享经济始终保持高速发展态势，不仅可以满

---

[1] 艾媒咨询：《2018-2019 年中国打车出行专题监测报告》，艾媒网，https：//www. iimedia. cn/c400/63842. html。

[2] 艾媒咨询：《2018 中国共享单车发展现状专题研究》，艾媒网，https：//www. iimedia. cn/c400/63243. html。

[3] 中华环境保护基金会绿色出行专项基金、北方工业大学、国家信息中心分享经济研究中心：《共享经济蓝皮书——中国共享出行发展报告（2019）》，社会科学文献出版社，2019，第 1-13 页。

[4] 艾媒咨询：《2021-2022 年中国共享电单车市场及用户行为监测报告》，艾媒网，https：//report. iimedia. cn/repo13-0/43179. html？acPlatCode=bj&acFrom=bg43179。

足人们差异化的需求，也培育了新的经济增长点，在推动供给侧改革、创新创业以及劳动就业等方面发挥了重要作用。但是，共享经济在发展中也遭遇了诸多"成长的烦恼"，产生了熊彼特所说的"创造性毁灭"，即共享经济在开创新的商业模式的同时会打破原有的经济秩序，对现存的行业、制度甚至人们的观念造成剧烈冲击甚至破坏。在实践发展中，共享经济暴露出的众多问题对现有政府监管体系形成了新的考验，迫切需要完善相关的政策法规，填补对新业态的监管空白，及时将共享经济纳入监管体系之中，以引导共享经济规范健康发展。

从行业形态来看，共享经济会对许多传统企业或行业产生了"致命的破坏"。共享经济作为一种全新的商业模式，拥有显著的成本优势、无限的供给能力，并借助互联网共享平台实现了精确的供需匹配。因此，共享经济的快速扩张对原有的商业逻辑和经济秩序产生了极大冲击，使传统企业面临转型压力，引发了社会财富和利益的重新分配。尤其是发展初期，共享经济在资本的助推下，采取不计成本的"烧钱"以及故意规避政府监管等策略抢占市场份额，造成传统行业市场份额迅速缩小、从业人员大量失业甚至部分企业破产倒闭，因此不可避免地会遇到来自传统行业和既得利益者的阻挠。例如，在房屋租赁行业，美国得克萨斯州 Airbnb 房源数量每增加 1%，就会导致酒店季度收入下降 0.05%。[1] 在汽车使用方面，汽车共享使美国得克萨斯州户均车辆拥有量从 0.47 台下降到 0.24 台。[2] 在我国，网约车通过高额"补贴"抢占市场份额，直接造成大量出租车司机收入减少，出租车公司或者相关组织利润降低，引发全国各地出租车司机围追堵截甚至恐吓专车司机等事件。此外，共享经济的发展壮大可能会引发深层次的社会分工和组织变革，涉及众多领

---

[1] Zervas G and Proserpio D, eds. "The rise of the sharing economy: Estimating the impact of Airbnb on the hotel industry", *Journal of Marketing Research*, Vol. 54, No. 5, 2017.

[2] Elliot M ed. "Impact of carsharing on household vehicle holdings: Results from north American shared-use vehicle survey", *Transportation Research Record: Journal of the Transportation Research Board*, Vol. 2143, No. 1, 2010.

域、行业和人口，进而加剧社会成员之间的贫富鸿沟。因此，如何协调共享经济新兴业态与传统行业的冲突矛盾成为当前政府治理的重要课题。

从市场结构方面来看，共享经济商业模式仍然不成熟，始终依靠大量行业补贴"野蛮生长"，尚未探索到有效的盈利模式。头部企业在形成规模效应后又可以利用自身积累的用户数量、数据信息以及技术优势对行业进行垄断，阻挠其他竞争者的进入，从而形成行业壁垒。因此，完全依赖资本助力的非正当市场竞争方式和寡头垄断市场的形成会使企业失去提升服务效率和质量的积极性，转而采取违规经营等方式获取垄断利益，最终损害消费者的合法权益，造成市场秩序的混乱。例如，自 2016年共享单车开启行业"混战"以来，ofo 小黄车和摩拜单车（Mobike）均获得了超过 10 亿元人民币的融资，这两家企业均通过大量投放单车和开展行业补贴抢占市场份额，最终迫使其他单车品牌破产出局。在 2016 年和2017 年短短两年内，共享单车市场基本由 ofo 小黄车、摩拜单车（Mobike）以及后起的哈啰单车、青桔单车所垄断。然而，随之而来的是用户骑行费用的不断上涨，部分地区单车价格甚至于超过了乘坐公交车的费用。此外，我国网约车平台的代表滴滴出行也曾通过大量融资、开展补贴大战等方式获得网约车九成以上的市场份额，占据了垄断地位。在此之后，安全事故频发、用户信息泄露、逃避甚至对抗监管等违规行为被不断被曝出。这反映出北京小桔科技有限公司（滴滴出行平台）对用户安全不够重视和对政府监管敷衍了事。这些非正当的市场竞争方式和行业态势亟待政府进行规范引导。

从社会治理的视角看，共享经济带来大量的负外部性问题。一些新的共享经济业态与城市管理方式之间的矛盾日益凸显，对政府监管模式和治理能力提出更高的要求。在交通出行领域，共享单车虽然有效解决了城市交通出行"最后一公里"的难题，为人们短途出行提供了便捷、环保和健康的出行方式，但是也给城市带来了乱停乱放阻塞交通、不顾城市单车容量盲目投放、挪用用户押金引发押金难退危机、浪费大量社会资源等负外部性问题。大量共享单车被集中投放在公交站、地铁口等公共场所，加之用户乱停乱放、私占、破坏单车等行为，使共享单车不仅没有给人们提供便利，反而大量占用公共道路资源，造成了新的拥堵，引发了"单车围城"的困境。因此，全国各地"紧急叫停单车投放""各种不文明使用共享单车行为"等相关新闻大面积爆发，政府部门、新闻媒体、专家学者以及城市居民均在积极探讨解决"单车围城"的有效办法。然而，处于"混战"期的共享单车企业不仅不注重对单车的调度和管理，反而不断通过大量融资甚至挪用用户押金的方式投入运营和补贴，以期抢占更多的市场份额。除了始终占据绝对主导地位的 ofo 小黄车和摩拜单车外，大部分共享单车品牌在补贴大战中难以为继，纷纷倒闭破产，引发了用户"押金难退"的问题并产生大量"僵尸车""单车坟场"，造成社会资源的严重浪费。为了规范共享单车的发展，交通运输部等十部门联合出台《关于鼓励和规范互联网租赁自行车发展的指导意见》，逐步将共享单车纳入政府监管的顶层设计，但是如何有效解决一系列负外部性问题仍然任重而道远，迫切需要政府进行政策创新。

3. 传统管制型政府监管模式难以适应共享经济的发展需求

共享经济对传统行业的"致命性破坏"以及它所带来的负外部性问题对城市公共治理造成极大冲击，将共享经济纳入政府监管促使其规范运营发展早已成为全社会共识。然而，传统管制型政府监管模式过度依赖于政府，采用行政命令作为监管手段对共享经济进行规制，难以充分调动多元主体的合作积极性。为了适应"互联网+"时代共享经济的发展需求，我国政府管理模式应从管制型转变为治理型，构建起多元协同合作的监管治理体系。

首先，共享经济的实践创新领先于现有相关监管制度体系，机械套用现有监管规制可能会阻碍创新。例如，网约车刚诞生之初缺乏政府颁发的运营资格证，用出租车的标准来要求网约车，网约车必然属于"违法"运营。网约车作为基于互联网而产生的平台型经济模式，具有天生的跨区域特征。如果政府坚持属地管辖原则要求网约车企业像出租车一样在全国所有运营的地区都设置分支机构，必然使得网约车企业"一个平台、服务全国"的经营优势大打折扣。共享单车虽然解决了短途出行难题，但却涉嫌侵占城市公共空间和道路资源，而且难免会影响市容市貌，如果用统一的城市管理标准来进行管理，共享单车将无法在城市立足。"当以自愿交易为特征的共享经济与以强制权力为特征的规制相遇时，规制强度和灵活性将决定共享经济的走向。"① 2017 年 6 月 27 日，李克强总理在夏季达沃斯论坛的致辞中强调，"我们对共享单车等新产业、新业态、新模式，要实行包容审慎监管方式，促进其健康发展"②。习近平总书记也高度重视数字经济的健康有序发展，明确提出"要健全法律法规和政策制度，完善体制机制，提高我国数字经济治理体系和治理能力现代化水平"③。

其次，传统管制型政府监管模式无法有效监管共享经济的创新实践，协同治理成为未来对共享经济进行监管的必然思路。传统监管理论普遍秉持狭义的"政府监管"范式，认为监管就是"政府"或公共机构通过制定法律或颁布行政命令来调整可能造成负面影响的社会行为。④ 这一管理模式虽然有助于减少市场失灵的问题，但其本身也存在诸多弊病。沿用传统监管思路对共享经济新业态进行监管，不仅难以实现良好的监管效果甚至还会阻碍新经济的持续发展。例如，当前我国交通领域对私家

---

① 彭岳：《共享经济的法律规制问题——以互联网专车为例》，《行政法学研究》2016 年第 1 期。
② 李克强：《在 2017 夏季达沃斯论坛的致辞》，中国政府网，http://www.gov.cn/premier/2017-06/27/content_ 5205948. htm。
③ 习近平：《不断做强做优做大我国数字经济》，《求是》2022 年第 2 期。
④ 杨炳霖：《监管治理体系建设理论范式与实施路径研究——回应性监管理论的启示》，《中国行政管理》2014 年第 6 期。

车的监管，主要是依靠政府交通管理部门以拍照、罚款等现场执法或者电子抓拍、贴罚单、扣分等事后追责的方式进行。然而，共享单车所有权与使用权的分离属性却模糊了监管责任归属，进而使政府、企业以及公众三方形成了复杂的依赖关系和环式治理逻辑链条。[①] 即政府无法直接管制违规者，需要发挥共享平台企业的监管作用；而当前企业平台受制于技术条件以及运营成本难以完全实现精确管理，加之由于共享单车使用者的普遍性和违法成本的低廉特征也让传统的事后追责机制基本失效，这进一步加剧了全国各地"单车围城"的治理窘境。因此在共享经济监管与治理中，以"产权"为基础建立的政府管理模式难以完全适应共享经济需要，单靠政府以及完全依赖传统监管手段难以达成监管目标，迫切需要政府、企业与公众等主体进行合作监管与协同治理，构架起新的监管治理体系。

再次，传统管制型政府监管模式无法调动公众等多元主体参与监管治理的积极性。社会公众的自由流动和积极参与是共享经济产生发展的前提条件。但是，面对诸如共享单车等带有公共物品属性的共享经济新业态时，人们往往只愿意收获其带来的便利而不愿意承担起自我约束和社会监督的公共责任。这种"搭便车"的行为必然导致全社会陷入哈丁所谓的"公地悲剧"之中。[②] 鉴于此，传统经济学主张通过确立"产权"实现私有化或采取政府集中管控的方式解决集体行动困境，但是在私有产权与使用权已经分裂的共享经济中，依靠传统的政府集中指挥进行监管，已经难以适应去中心化、多元化和分权化的新趋势，必须构建新的协同治理机制，以引导公众自我约束并主动参与到合作监管治理中来。这既是共享经济的本质要求，也是减轻企业平台监管成本，提升政府监管效能的必然趋势。然而在当前对共享经济监管治理的实践中，由于政

---

① 刘然、张旭霞：《城市公共空间中共享单车的负外部性治理——解读、困境与规制路径》，《学习论坛》2018 年第 1 期。

② Hardin G，"The tragedy of the commons"，*Science*，Vol. 162，1968.

府、企业和公众间权利地位的不对等，以及沟通渠道、交流平台的缺乏，导致平台企业及公众沦为监管活动的被动接受者，难以调动多元主体参与合作监管的积极性。面对这一系列监管问题，在当前的相关研究中，政府之外的企业、公众等主体在合作监管中的重要性逐渐被专家学者们所关注。如哈特尔（Hartl）等分析了影响公众对共享经济监管态度的因素等。① 莫凯洋与袁经文从集体行动理论的视角分析了共享单车的困境。他们指出每一个理性的共享单车用户通过各自追求自身利益最大化的理性行动，导致了集体行动的非理性。在此基础上，进一步提出要培育"共享"精神，实现理性"经济人"向"道德人"的转变，通过规范公众个体行为以解决共享单车的困境。②

二、理论背景

共享经济的快速发展不仅对经济、环境、社会、政府等多个方面产生巨大影响，更进一步重塑人们的日常生活，冲击了传统商业模式以及现有体制机制。因此，"是否"以及"如何"对共享经济进行有效监管与治理成为全球性的问题。针对这一问题，世界各国专家学者提出了众多解决方案，在实践中诞生了不同的监管模式。

对于共享经济的监管与治理，全世界众多专家及实践者主要提出了三种战略方案。第一，阻止与推迟。即通过强制性的行政手段阻止与推迟共享经济创新的发展，以避免可能带来的负面问题。例如，在韩国首尔，当地政府认为网约车的快速发展会对当地出租车行业造成巨大冲击，因此禁止网约车在首尔运营。荷兰政府则以网约车违反传统的出租车管理规定，宣布网约车运营违法。此外，意大利、英国、比利时等地区都

---

① Hartl B ed. "Do we need rules for 'what's mine is yours'? Governance in collaborative consumption communities", *Journal of Business Research*, Vol. 69, No. 8, 2016.

② 莫凯洋、袁经文：《共享变私享：共享单车的困境及其治理之道——基于集体行动理论的视角》，《城市学刊》2017 年第 4 期。

以网约车对传统出租车行业的不公平竞争为由，选择取缔网约车。采取阻止与推迟战略的政策规制往往以传统的政策规范来衡量创新实践，这必然会阻碍共享经济的健康发展，所以，许多公共政策学者们以此批判政府"懒政""惰政"。第二，修改或者建立新的规范框架以适应创新实践。库普曼（Koopman）等学者认为，政府制定的公共政策应当不断进行改进和完善，以适应共享经济市场环境以及新技术的快速变化。[①] 马亮也强调对于网约车等新兴事物，需要采取适应性监管的方式，不能"一棒子打死"，要通过绩效反馈不断对监管政策进行回应和调整。[②] 这些策略被许多专家学者以及地方政府所接受。例如，在美国加利福尼亚州，该州公共事业委员会新创立了"交通网络公司"这一交通运营类别，要求以网约车为经营范围的新公司必须取得营业执照，并且注册的网约车司机通过犯罪背景审查后才能正式运营。在新加坡，政府实施网约车注册备案管理，构建了新的规制框架来管理网约车，要求司机通过审查和培训，并获取"拥车证"后才能加入网约车行业。第三，包容审慎监管。即政府并未采取明确的态度或者措施，而是通过默许、谈话或者警告等较为宽泛、柔性的手段进行监管，是一种模糊性的规制策略。这一策略往往适用于共享经济产生的初期阶段，政府部门采取一种观望的态度，既不禁止共享经济新业态，也不允许其合法化。该战略在新事物诞生初期具有一定的优势，既能为新业态发展提供创新空间，也能对其进行约束，防止其野蛮发展。在我国，无论是网约车、共享单车还是其他类型的共享经济业态，政府在不同发展阶段分别采取了默许、警告、建立框架以及进行合作监管等混合型的监管策略。在共享单车刚产生时，全国大部分城市的交通管理部门均默许共享单车企业合法运营，随着共享单

[①] Koopman C ed. "The sharing economy and consumer protection regulation: The case for policy change", *Pepperdine University*, No.2, 2015.

[②] 马亮、李延伟：《政府如何监管共享经济：中国城市网约车政策的实证研究》，《电子政务》2018年第4期。

车企业的野蛮扩展，北京、上海等地方政府开始限制单车投放量，甚至部分不符合规定的单车品牌也被要求退出市场。尤其是 2017 年后半年，共享单车企业出现挪用押金、骑行者乱停乱放导致单车围城等问题，交通部等联合发布了《关于鼓励和规范互联网租赁自行车发展的指导意见》，地方政府也颁布了相应的实施细则，开始采取控制城市单车数量、设立推荐停车点、对违规企业进行约谈、鼓励企业免押骑行等措施，通过建立合作治理框架以规范共享单车的发展。

当前，许多专家学者和政策制定者主张通过修改或者建立新的规制框架以适应共享经济发展要求，并从理论和实践层面提出了具体的监管措施，主要包括以下几种观点。

1. 行政化的监管与治理思路

行政化的监管治理思路强调政府在对共享经济进行规制中的主导性作用，主张通过法律规制、行政许可、政策引导等措施对其进行规范，强制性较高。孙晋等提出政府对共享经济的监管应当以公平竞争审查为中心，设置"监管底线"，处理好监管与发展之间的关系。[①] 陈丹等提出，政府规制是对网约车等共享经济进行监管的必要规制手段，要适当降低事前准入门槛，强化事中、事后监管。[②] 唐清利建议通过建立"合作监管＋自律监管"的混合规制模式，充分发挥地方政府在监管中的重要性，以引导网约车的健康发展。[③]

2. 市场化的监管与治理思路

市场化的监管与治理思路认为，应该给企业更大的自主权，鼓励企业自我监管，在企业与消费者的互动中形成监管标准，以充分发挥市场在资源配置中的决定性作用。张效羽认为，传统政府监管存在的局限性

---

① 孙晋、袁野：《共享经济的政府监管路径选择——以公平竞争审查为分析视角》，《法律适用》2018 年第 7 期。
② 陈丹、陈阳：《共享经济背景下网约车规制路径研究》，《河北学刊》2018 年第 2 期。
③ 唐清利：《"专车"类共享经济的规制路径》，《中国法学》2015 年第 4 期。

会阻碍互联网经济的发展，在政府与企业合作中要充分调动和发挥市场的自我监管作用，遵循市场内在规律和发展逻辑，建立相对集中且与激励相容的网络经济监管体制，通过体制机制创新为共享经济拓展空间。① 姜宁提出，以共享单车为代表的共享经济有其自我约束、自我完善的机制，应该由市场之手进行资源的调配。② 罗英和钟光耀也提出，对共享经济的监管应该以企业平台的自我规制为主，行政监管为辅，逐步构建起合作型监管体制。③ 米勒（Miller）认为，传统政府监管策略不适用于共享经济。他进一步提出了一种基于市场的共享经济监管机制，即通过内部可转让的共享权使得市场的外部性内部化。④

3. 技术化的监管与治理视角

该观点主张通过优化企业平台服务系统、实现资源最优配置、改进GPS 定位系统等技术手段解决共享经济中存在的问题。例如，内库（Schuijbroek）等基于新算法对共享单车进行最优调配以降低企业的运营成本。⑤ 王玉认为，共享经济是以互联网为根基的，对共享经济进行监管必须树立"互联网+"的监管思维，实现精准治理。⑥ 马俊也持有类似观点，提出对网约车、共享单车等"互联网+"新模式，必须尊重新技术新业务的发展规律，实施"精准监管""智能监管""协同监管"和"信用监管"，不断推进监管制度创新。⑦

---

① 张效羽：《通过政府监管改革为互联网经济拓展空间——以网络约租车监管为例》，《行政管理改革》2016 年第 2 期。

② 姜宁等：《从"共享单车"的监管看政府如何在分享经济中发挥作用》，《河北学刊》2017 年第 4 期。

③ 罗英、钟光耀：《面向共享经济的政府监管创新研究》，《湖南社会科学》2018 年第 2 期。

④ Miller S R, "First principles for regulating the sharing economy", *Social Science Electronic Publishing*, Vol. 53, No. 1, 2015.

⑤ Schuijbroek J, Hampshire R C and Van Hoeve W J, "Inventory rebalancing and vehicle routing in bike sharing systems", *European Journal of Operational Research*, Vol. 257, No. 3, 2017.

⑥ 王玉：《共享经济背景下的政府监管困境及优化路径》，《经济研究参考》2017 年第 67 期。

⑦ 马骏、马源：《"互联网+"新模式监管制度创新的建议》，《行政管理改革》2019 年第 3 期。

4. 社会化的监管与治理思路

对共享经济的监管与治理不能仅仅依靠单一的政府或者企业，需要多元主体共同参与到监管治理活动中来，以平等性的互动方式共同沟通、协商与决策，以实现治理目标。这一思路得到了众多专家学者以及政策制定者的广泛认同。例如，郭鹏等明确提出对共享单车的治理需要政府、企业和公众等协同参与。[①] 其中，政府是共享单车协同治理的主导者，要完善基础设施建设、制定监管政策以及引导行业的健康发展。企业是共享单车协同治理的重要主体，要合法合理利用好掌握着的用户出行大数据，通过信用积分奖惩体系等具体措施积极落实政府监管要求。公众应主动参与到监管与治理决策中，成为共享单车协同监管治理的参与者，积极向企业和政府提供建议、反映诉求，以提升政府监管效能，推动共享经济健康发展。

第二节　问题提出与研究意义

一、问题提出

共享经济是"互联网+"时代促进经济高质量发展的新理念，是培育我国新经济增长点的新动能。作为共享经济的典型业态，交通出行领域的网约车和共享单车自诞生以来就获得全社会各界的广泛关注。它们在给公众带来无限便利、推动交通出行领域行业变革的同时，也引发了诸多亟待解决的社会问题，对我国现有监管模式以及政府治理能力提出了严峻的挑战。在各种共享经济新业态迅速崛起的时代背景下，如何将这些新事物纳入政府监管中；如何构建合作监管模式以提升政府治理绩效；

---

① 郭鹏、林祥枝、黄艺等：《共享单车：互联网技术与公共服务中的协同治理》，《公共管理学报》2017 年第 3 期。

如何发挥政府、企业以及公众在合作监管中的作用等，已经成为社会各界关注和讨论的焦点。

虽然我国共享经济产生较晚，但是后来居上，目前国内各种共享经济新业态、新模式迅速崛起并在国际市场中占有重要地位。同时，学术界对共享经济及其监管问题的研究也呈现出"爆发式"增长的形势，这既是吸收借鉴国外研究成果的必然结果，更是当前我国共享经济实践迅速发展的现实需求。面对共享经济新模式产生的"致命性破坏"，需要专家学者从理论的高度对该问题进行深入分析。

目前，众多学者就共享经济的监管困境以及形成逻辑进行了经验总结和理论探讨，并提出了相应的对策建议。研究认为完全依靠传统政府监管模式无法对共享经济新业态进行有效监管，政府、企业和公众等协同合作监管成为未来治理的必然趋势和基本方向。但是协同监管的逻辑机理以及如何构建合作监管体系仍待深入分析。另外还需要注意的是，当前大部分研究成果都局限于传统政府监管视角，忽视了其他监管主体特别是社会公众参与合作监管意愿和能力的研究，这既不符合共享经济"共建共治共享"的本质要求，也不利于调动公众参与共享经济监管的积极性和多元合作监管治理体系的构建。

本书以交通出行领域的共享单车为研究对象，基于公众参与协同监管的视角，目的在于探究如何激励政府、企业与公众进行合作，以更好地对共享经济进行监管，以促进共享经济新业态的健康发展。具体来说将重点关注如下三个问题：

第一，我国共享经济协同监管与治理中存在的现实困境及公众的角色地位；

第二，影响我国公众参与共享经济协同监管的因素及驱动机理；

第三，促进公众参与我国共享经济协同监管的有效对策建议。

二、研究意义

1. 理论意义

共享经济作为一种新兴的商业模式和经济形态，对传统管控型监管模式提出了改革的要求，同时也为构建新的协同治理体系提供了经验和支撑，为推动社会治理现代化与多元合作监管创造了现实条件。在对国内外文献进行梳理过程中发现，学界对共享经济商业模式以及所带来的各种问题的相关研究成果非常丰富，但是对于如何构建共享经济合作监管体系的研究相对较少，尤其是探讨如何发挥社会公众参与合作监管治理的研究比较匮乏。本书基于公众参与协同监管的视角，以交通出行领域的共享单车为分析对象，探讨了共享经济业态中传统管制型政府监管模式向多元合作监管模式转变的理论逻辑，并通过对相关理论模型和研究假设的实证检验，探索了影响公众参与合作监管治理的主要因素和驱动机理。在此基础上，分析了阻碍我国共享经济健康发展的主要障碍并提出相关激励措施和政策启示，从而深化和发展了协同治理理论。具体来说，本书的理论意义如下：

第一，从监管治理的视角对共享经济进行分析研究，拓展研究视野和研究范围，推动共享经济的应用性研究，增强共享经济相关研究的理论深度和广度。共享经济的迅猛发展必然对传统经济模式和社会秩序带来巨大冲击，引发许多社会治理问题，因此对政府、企业以及公众等共享经济参与主体行为的研究成为目前的重要领域。本研究从监管治理角度分析总结了我国共享经济发展中产生的诸多问题及其原因，探讨了影响公众参与共享经济协同监管的影响因素，并从多元视角提出了相应的对策建议，为推动共享经济商业模式发展和相关理论的完善提供有效帮助。

第二，总结分析公众在共享经济协同监管治理中的角色和地位，构建影响公众参与协同监管的研究框架，为破解多元协同监管难题提供新的分析视角和有力工具，同时也拓展了协同治理相关研究的分析思路和理论视野。现有关于监管治理的研究主要从整体或者政府视角展开，对公众参与协同监管治理缺乏足够关注。本研究从公众参与视角出发，将协同治理理论、回应性监管理论以及共同生产理论进行交叉融合，探索公众在参与共享经济协同监管中的角色、地位以及驱动机理，为发挥公众参与积极性及构建协同监管治理体系提供重要借鉴，推动协同治理理论的完善和发展。

第三，深入阐释公众参与共享经济协同监管的驱动机理，厘清在不同阶段中公众协同监管行为生成的多种路径，进一步深化和完善了协同治理以及共同生产的理论研究。公众参与公共服务共同生产的影响因素已在大量研究中得到检验，但是对于其内部作用机理的分析相对较少。本研究结合协同治理理论和共同生产理论，将公众参与共享单车服务的共同生产行为区分为遵从服务规范行为和参与监管维护行为两种，提出了"公众参与共享单车服务共同生产驱动机理模型"。在初始阶段基础上，进一步考察了公众持续参与共同生产的影响因素和作用机理，提出了"公众持续参与共享单车协同监管驱动机理模型"。本研究发现，公众参与协同监管受到社会交换因素、社会心理因素和社会环境因素的综合影响，促进公众参与协同监管既要注重强化其在初始阶段的意愿和能力，更要注重个体在参与过程中的体验和感受，通过提升个人参与监管活动的满意度以增强其持续参与意愿。这些研究结论为进一步完善共同生产理论和协同治理理论提供了重要借鉴。

2. 现实意义

随着共享经济的兴起和发展，新经济模式对传统行业造成了"致命的破坏"，产生了大量负外部性问题，对政府主导的监管模式形成严峻的挑战。在创新实践超出现有监管能力的状况下，如何将共享经济纳入监管范围，引导新经济模式健康发展成为实现我国经济高质量发展的迫切要求。当前，传统的"政府监管"范式已经难以对共享经济新业态进行有效规制，必须激发社会个体的主体意识，培育"大监管"理念，构建起政府与非政府合作的监管新模式。本研究在整理了相关理论研究成果的基础上，分析了政府、企业和公众合作监管的逻辑机理，并探讨了公众自我监管及主动参与共享经济合作监管的影响因素，为探索构建多元协同合作的现代化监管体系提供了有效建议。

第一，总结分析当前我国共享经济发展中出现的各种问题和产生的原因，深化人们对共享经济发展现状及未来发展趋势的认知，为破解共享经济监管困境提供理论依据。对共享经济新业态进行有效监管，就需要准确判断共享经济的发展趋势、主要问题和本质原因。共享经济实现了所有权和使用权的分离，导致传统基于产权建立的监管制度难以完全发挥作用。应当建立开放包容的创新型监管制度，同时推动我国传统政府监管模式的改革升级，以实现共享经济模式与传统商业模式、社会经济秩序的融合发展。

第二，分析我国共享经济协同监管治理现状，论证公众在实现多元协同监管中的重要角色和地位。本研究考察了我国共享单车协同治理的变迁过程，发现社会公众在合作治理中的角色始终被忽视，多元协同合作在实践中往往被简化为政府和企业间的二元监管模式，公众参与不足成为制约我国共享经济协同监管的重要原因。在此基础上，本研究通过博弈分析证明了公众应当是"共同生产者"而非单纯的企业顾客或被代表者，公众参与监管治理是改变传统政府监管模式、提升监管治理效能的必然要求。

第三，对当前我国公众参与共享经济合作监管中存在的问题及其原因进行了分析总结，并提出了相应的政策建议，有效推进了我国多元协同的监管治理机制的构建。本研究从公众自身的思想观念、体制机制、技术完善和社会环境四个方面分析了公众参与协同监管的主要障碍，并提出相应政策建议。包括提升公众道德素质和共建共治共享意识、推动我国多元协同监管中的动力机制、联动机制以及保障机制建设、运用大数据、区块链等先进技术打造统一的协同监管平台、强化社会信用体系和改善我国共享经济面临的社会信用环境等。

第三节　研究思路

一、研究框架

本研究在总结分析共享经济发展现状以及面临的监管困境基础上，从公众视角探索了如何激励公众参与我国共享经济的协同监管治理，为构建多元协同的监管治理体系提供了政策建议。本研究依照"提出问题—理论分析—总结现状—模型构建—实证检验—解决问题"的思路展开（见图 1-1）。

首先，本研究对共享经济在现实中面临的监管困境及当前研究局限性进行了分析，继而提出了研究问题，并对研究的意义、内容、方法和创新点进行阐释说明。其次，进一步总结分析了相关概念、理论以及当前研究成果。本研究以协同治理理论、共同生产理论和回应性监管理论为指导理论，总结梳理了现有的对共享经济进行监管的相关研究成果，为研究的展开奠定了理论基础。再次，以共享单车为研究对象，通过案例分析和博弈分析相结合的方法分析了我国共享经济协同监管中存在的公众参与不足问题，证明了公众在协同监管中具有重要作用。本研究通过扎根理论分析等途径，探讨了公众在初始阶段和持续阶段主动参与合作监管的影响因素及驱动机理，并通过实证方法进行了检验。最后，从

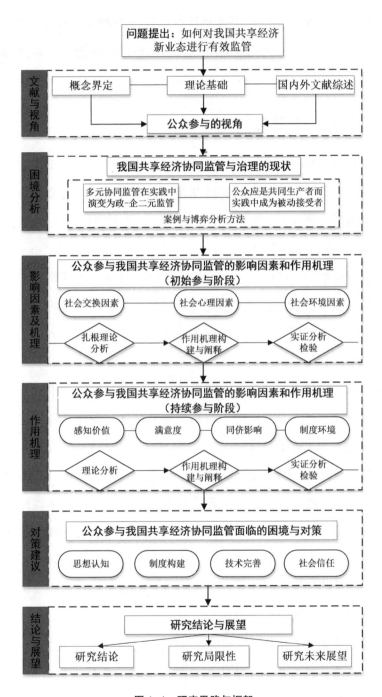

图1-1 研究思路与框架

思想认知、制度构建、技术完善和社会信任四个维度分析了主要障碍，提出相应的政策建议，为构建共享经济多元信用监管治理体系提供有效思路。

二、各章节结构安排

本研究以交通出行领域具有典型共享经济属性的共享单车为例，探讨了共享经济新业态面临的监管难题及其破解策略，并从公众参与的视角出发提出了构建合作监管体系的政策建议。全文共分为八章进行讨论，每章结构和内容的简要概述如下。

第一章为绪论。从传统政府监管模式存在对共享经济新业态进行有效监管的困境以及当前我国共享经济监管思路两个层面进行分析，并提出了本书的研究问题。此外，绪论中还介绍了研究内容、方法、意义以及创新。

第二章构建了理论基础、文献综述与理论分析框架。本章介绍了研究所涉及的核心概念、基础理论与相关研究综述，在此基础上构建了理论分析框架，为后续研究打下基础。首先，对共享经济、监管与治理、协同治理以及公众参与等主要概念进行了界定，并进一步分析了相似概念的异同、主要特征以及演进历程等内容。第二，在理论基础部分介绍了支撑本研究的主要理论，即协同治理理论、回应性监管理论和共同生产理论。第三，在回溯学术界对共享经济相关研究的演化脉络和发展趋势基础上，总结了当前我国对共享经济进行监管中存在的主要问题，梳理了相应的监管对策。尤其是整理汇总了关于如何调动多元主体参与协同监管的相关成果，并对该领域的国内外研究进行简要评述。

第三章是对我国共享经济协同监管与治理的现状进行分析与评价。本章以共享单车为案例，提出构建共享经济协同监管治理模式中主要问题在于公众参与不足，进而探讨了社会公众参与在构建共享经济协同监管中的重要作用。长期以来，我国监管模式始终以政府为主导，注重事前监管、程序监管，忽视企业和公众的监管作用。多元协同监管在实践中往往演变为政府与企业间的二元监管。事实上，公众参与共享经济的协同监管，既可以降低企业监管的成本和费用，又能提升政府部门的监管能力和扩大监管范围，因此，公众应当是监管活动的"共同生产者"而非单纯的企业顾客或被代表者，公众参与有利于提升政府监管效能，是完善传统政府监管模式、实现协同监管治理的必然要求。

第四章和五章探索影响社会公众参与协同监管的主要因素，并构建了促进公众参与协同监管的驱动机理。本章以共享单车为例，首先通过扎根分析方法，从58份访谈材料中归纳出可能影响公众共同生产行为的前置因素，然后结合现有理论提出一个公众自律监管和主动参与监管维护的理论解释框架。最后利用在共享单车行业取得的805份问卷，使用实证分析方法对研究假设进行了检验。

第六章探索构建影响社会公众持续参与协同监管的驱动机理模型并进行了验证。公众参与共享单车的协同监管是一项持续性的共同生产活动。既要关注公众在初始阶段的参与意愿和参与能力，更要注重在参与过程中的体验和认知，这对于确保共同生产活动良性运行及逐步构建协同监管治理体系具有重要意义。本章继续探索了影响公众持续参与共享单车服务共同生产的因素及作用机理模型，并通过问卷对模型及假设进行了验证。

第七章分析提出了公众参与我国共享经济协同监管的障碍和相关政策建议。本章从思想认知、制度构建、技术完善和社会信任四个维度提出了相关政策建议。其中包括提升公众道德素质和共建共治共享意识；推动我国多元协同监管中的动力机制、联动机制以及保障机制建设；运用大数据、区块链等先进技术打造统一的协同监管平台；强化社会信用体系以及改善我国共享经济面临的社会信用环境等建议。这些建议为调动公众参与合作监管的积极性、促进多元协同监管治理体系的构建提供了重要启示。

第八章总结了本研究的主要结论，提出研究的局限性，并对未来研究进行了展望。

三、研究内容

情境社会学认为，个体的行动总是在一定心理和社会空间中交互进行的，构成了个人行动的情境。人既是社会情境的客体，受到情境所驱动；也是社会情境的主体，在互动中改变所处的环境。人们的态度、价值观和行动正是社会和个体心理因素交互作用的结果。公众参与共享经济协同监管必然受所处环境、个体心理、制度结构等因素的影响。因此，本研究从情境、心理以及结构三个层次，考察了在共享单车协同监管中公众个体的参与行动。首先，将情境区分为"社会情境"和"即时情境"。既探索了公众参与共享单车协同监管面临的现实困境，也分析了影响公众协同监管行为的具体情境因素，包括社会信任程度、同侪影响以及制度环境等。其次，从心理层面分析不同阶段公众参与共享单车协同监管的影响因素和驱动机理。公众参与共享单车协同监管会受社会心理因素和社会交换因素的共同影响，这两类因素会影响公众个体的参与意愿，进而促进公众做出协同监管的决策。但是，心理因素在不同阶段对公众个人行为的作用机理也存在差异。本研究将公众参与过程具体分为初始参与阶段和持续参与两个阶段，探讨不同阶段影响公众参与共享单车协同监管的驱动机理。最后，从结构层面提出促进公众参与共享经济协同监管的路径建议。既从思想认知、体制机制、技术水平以及社会环境四个维度提出在宏观层面的引导政策，也依据实证结论构建出我国共享经济信用合作监管体系。具体来说，本研究主要包括以下四个模块的内容（如图1-2所示）：

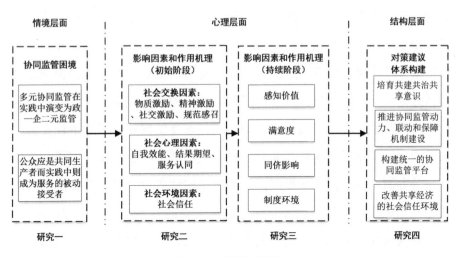

图 1-2 研究内容框架

1. 研究一：我国共享经济协同监管面临的主要困境

构建多元协同治理体系是对共享经济进行有效监管的必然趋势。然而，相较于政府和企业，社会公众成为协同监管中的薄弱环节，这会影响我国共享经济协同监管治理体系的构建。从目前我国共享单车协同监管过程可以发现，多元协同监管的进程往往会被企业市场利益诉求等因素所中断，在实践中多元协同监管模式往往演化为政府与企业间的二元监管模式，社会公众成为单纯的消费者和被管理者，这既违背了共享经济的本质要求，也难以调动公众在协同监管中的积极性。本研究基于共享单车协同监管的背景，探讨了我国实现协同监管中面临的公众参与不足困境，并通过博弈分析方法分析公众参与下企业与政府部门的博弈空间变化。通过研究后发现，公众的积极参与既可以缩小企业违反运营管理服务规范的空间，又可以扩大政府部门监督力度的空间。因此公众参与有利于降低交易成本并提升监管效率，公众在共享经济的监管中应当是共同参与者，在实现协同监管治理中发挥着不可或缺的作用。

2. 研究二：影响公众参与共享经济协同监管的因素和驱动机理

合作监管是促进共享经济健康发展的必然要求。本研究拟采用基于深度访谈的扎根理论，以共享单车为研究对象，揭示影响公众遵从共享单车服务规范和参与监管维护的社会交换因素、社会心理因素和社会环境因素，并构建了促进公众参与共享经济协同监管的驱动机理模型。通过研究后发现，调动公众参与协同监管是一种社会交换过程，政府等管理者可以通过物质激励和精神激励措施，以及发挥外部环境中社交群体和道德环境的作用来满足公众对物质利益、精神利益、社交需要和道德认同等方面的需求，从而提高公众参与协同监管的意愿。公众的参与动机也并非对管理措施的机械反应，公众本身的心理和认知也同样重要。当公众认同共享单车服务的公共价值，感知到自身具有参与协同监管的能力，认为自己采取的行为能够实现预期目标时，那么他们就会更积极地参与到共享单车服务的协同监管中。社会信任作为一种环境变量，它通过强化社会公众的心理认知，间接促进社会心理因素、社会交换因素向协同监管行为的转化。这有利于增强公众参与共享经济协同监管的意愿和能力，调动其参与的积极性。

3. 研究三：促进公众持续参与共享经济协同监管的因素和驱动机理

公众参与共享经济协同监管是一项持续性的活动。当前，大部分研究者将公众参与协同监管等共同生产活动当作单向发展过程，认为公众一旦参与就会持续下去，忽略了在参与过程中会有许多因素将不断干扰公众的预期认知，从而导致公众退出协同监管等共同生产活动。事实上，公众参与监管是一个"认知—生产"的迭代行动过程。参与者会在协同监管中形成新的认知，而这些新的认知作为初始认知的重要补充，共同影响着公众继续参与共同生产的意愿。本研究基于共享单车服务共同生产案例，探讨了影响公众持续参与协同监管的因素和驱动机理。通过研究发现，公众参与共同生产可以区分为初始阶段和持续阶段。在持续阶段中，当公众实际参与协同监管的价值绩效超过原来预期时，就会提升个人参与过程的满意度，并激励其继续参与协同监管。同时，公众的行为也会受到同侪伙伴的示范影响，而制度环境有利于强化个人持续参与协同监管的动机，促使其持续参与共享单车服务的协同监管过程。这为促进共同生产理论的发展以及构建起多元协同的监管治理体系提供了新思路。

4. 研究四：公众参与共享经济协同监管的主要障碍及政策建议

针对如何对共享经济进行有效监管的问题，构建多元协同监管治理体系成为必然趋势。本研究在对公众参与协同监管的因素以及驱动机理进行探索和验证基础上，从思想认知、制度构建、技术完善和社会信任四个维度提出了阻碍公众参与协同监管的现实障碍，并提出有效的引导策略。有助于应对当前共享经济面临的监管问题，促进以"信用"为核心的多元协同监管治理体系的构建。

第四节　研究方法与创新

一、研究方法

在总结协同治理理论、回应性监管理论和共同生产理论等基础上，本研究借鉴了现有研究成果，分析了如何激励公众参与共享经济协同监管治理的问题。本研究主要采用实地调研与文献研究、质化分析与定量研究、规范研究与实证研究相结合的范式开展研究。

第一，文献分析方法。通过对国内外相关文献进行梳理，总结当前我国政府对共享经济新业态的监管思路，进一步了解当前政府对共享经济的监管现状、取得的实践经验以及存在的不足之处，这既为本研究确定主题、视角和方法提供了重要参考，更为构建研究分析框架、设定理论模型设定以及提出研究假设提供了重要的依据。

第二，归纳和演绎方法。在"理论基础与研究综述"部分中，主要运用归纳和分类的逻辑分析方法对有关共享经济和协同治理的基础理论和概念进行梳理。在第五章和第六章"模型建构与研究假设"中，选择使用推理和演绎的分析方法，对现有理论成果以及获取的访谈资料进行推理和分析，以建构公众参与共享经济协同监管的分析框架，并探讨公众参与共享经济合作监管的影响因素和驱动机理。

第三，博弈分析。对共享经济新业态进行监管需要企业、政府部门和社会公众各博弈方的合作。在第三章中，以共享单车为案例，运用博弈论的理论和方法构建政府、企业和公众的三方博弈模型，并以此研究三者之间的关系以及博弈状态。公众参与共享经济的协同监管既可以降低企业监管的成本和费用，又能提升政府部门的监管能力和扩大监管范围，因此，公众在共享经济协同监管中应当是共同参与者，公众参与对于降低交易费用、提升监管效能以及实现对共享经济的多元协同治理具有重要意义。

第四，质性研究和实证分析相结合的混合研究方法。在第五章和第六章中，根据扎根理论，对58份共享单车服务相关人员的访谈材料进行归纳，提取出可能影响公众参与共享单车服务共同生产的前置因素，然后用问卷（量表）调查法获得关于公众在使用单车过程中自我约束及主动参与合作监管的相关数据，最后采用相关分析和多元分层回归方法对提出的假设进行了检验。

二、研究创新点

本研究以公众参与共享经济的合作监管作为研究切入点，采用质性研究与定量分析相结合的方法，探索影响公众参与共享经济合作监管的影响因素及驱动机理，为构建政府、企业与公众协同合作监管的现代化治理体系提供了相关的政策建议。本研究以全新视角展开研究，进一步深化了协同监管理论的研究深度，对于改革传统监管模式、提升政府监管能力，解决共享经济面临的监管难题具有重要的意义。主要包括以下三个方面：

第一，聚焦我国共享经济引发的负外部性问题，分析当前共享经济协同监管治理面临的主要困境，并提出了相应的政策建议，丰富了共享经济的应用性研究，拓展共享经济的研究领域。

第二，基于公众参与的视角对我国共享经济监管问题展开研究，论证公众在协同监管中的角色和作用，并探索影响公众参与共享经济协同监管的因素和驱动机理，为构建起多元协同的监管治理模式提供了新的思路。

第三，采用质性与定量相结合的混合研究方法开展研究，使研究结论更为严谨可靠。在探讨影响公众参与协同监管的因素中，本研究首先运用扎根理论对58份共享单车服务相关人员的访谈材料进行了分类、编码，以此构建出影响公众参与共享单车监管服务共同生产的驱动机理模型，然后通过调研问卷获得的数据对机理模型进行实证检验，从而使结论更加严谨科学，这对于相关领域实证研究具有一定的启示作用。

第二章

理论基础与研究综述

　　随着共享经济的兴起与发展，将其纳入规制并进行有效监管成为引导共享经济繁荣发展的必然要求。当前，我国的政府监管模式并不能完全适应共享经济新业态的创新发展，需要充分发挥企业、公众等多元主体的监管作用，构建现代化合作型监管治理体系。本章将对相关概念和基本理论进行梳理，并对现有关于共享经济及其监管的文献进行回顾，在此基础上建立起研究理论分析框架。

第一节　相关概念界定

一、共享经济

1. 共享的历史沿革

　　"共享"是人类社会发展中最普遍的现象，也是中外思想家们不懈探求的社会理想。中国春秋时期孔子提出的"大同"思想，古希腊时期柏拉图提出"理想国"的构想，这些理想中都含有丰富的共享元素。共享主要是指与他人共同拥有、共同分享和共同使用，但在不同历史时期略有差异。传统的"共享"概念是把自己的东西提供给他人使用或者使用他人所提供物品的行为及过程，是非互惠行为。[①] 例如，原始社会中部落成员共同打猎、分享猎物；村落里农民共同使用农具、修建道路等。因此，传统的"共享"主要发生在熟人之间的小范围内，是一种非互惠、不追求回报的分配行为。随着互联网信息技术的发展运用，共享的范围急速扩大。例如，在知乎等网站中共享知识和信息；志愿者合作开发的开源软件供所有人免费试用等。因此，共享参与者借助互联网平台将过去小范围熟人之间的共享扩散到线上虚拟网络中的陌生人群体，这些行为的价值导向仍然是非互惠性质的，即共享的目的并非为了获取收益。但是，近年来逐步发展壮大的共享经济商业模式则是以各种形式分享闲置资源，并以此获取收益，如爱彼迎（Airbnb）将私人的闲置房屋分享给其他人使用并从中收取费用；共享单车企业将单车投放在城市供人们骑行以获取收益。雷切尔·波茨曼（Rachel Botsman）将共享经济定义为"为了货币或非货币形式的收益，分享空间、技能、物品等闲置资源的经济模式"[②]。我国学者何超等人提出共享经济是基于互联网平台，个人或组织将闲置资源短时出租从而获得收益的经济模式。[③] 从本质上来说，共享经济中的共享是指"使用而非拥有"，这是所有共享经济模式中共有的根本内核。传统经济学认为，所有权和使用权是不可分割的，由于资产的不可分割性，任何共享行为都在做"减法"，因而人们不会接受共享行为。但是，伴随着互联网的发展，现代共享经济基于共享平台的高效匹配，使得所有权和使用权分离，人们的需求可以通过使用而不是占有就能得到满足，即共享主体间转移使用权，但不转移支配权，闲置资产的

---

① Belk R, "Why not share rather than own?", *Annals of the American Academy of Political and Social Science*, Vol. 611, No. 1, 2007.

② Botsman R, "The sharing economy lacks a shared definition", Fast Company, http://www.fastcoexist.com/3022028/the-sharing-economy-lacks-a-shared-definition.

③ 何超、张建琦、刘衡：《分享经济：研究评述与未来展望》，《经济管理》2018 年第 1 期。

所有者获得的利润正是从交易资产的使用价值而非所有权中取得的。基于此，罗宾·蔡斯（Robin Chase）提炼出了共享经济的三要素，即闲置资源、共享平台、人人参与。① 她还进一步构建了"人人共享"模式，这成为共享经济区别于其他互联网商业模式的主要特征。这一新经济形式实现了所有权和使用权的分离，是一种"协作多于竞争"的模式，具有内生性的优势，它使所有权不再是消费者满足消费欲望的最终表达形式，同时也预示着我们可能已经进入了一个"后产权时代"，杰里米·里夫金（Jeremy Rifkin）将其称为"零边际成本社会"，认为这是对整个资本主义经济模式的一次颠覆。②

2. 共享经济的概念、特征及其分类

共享经济（sharing economy）又被称为"分享经济""协同消费""基于使用权经济""对等网络租赁""平台经济"等。20 世纪 70 年代，美国社会学教授马科斯·费尔逊（Marcus Felson）和琼·斯潘思（Joel Spaeth）首次提出"协同消费"的概念并将其定义为多人在共同参与活动中消费商品或服务的行为。③ 其后，约克大学教授拉塞尔·贝克（Russel Belk）又对"共享"概念进一步做出解释和界定。他认为共享是将自己的东西分配给他人使用，或者获得他人的物品或服务为我所用的行为或过程，包括捐助、转售、交易、借贷、租赁、赠予和交换等广泛内容。④ 2010 年，雷切尔·波茨曼（Rachel Botsman）和鲁斯·罗杰斯（Roo Rogers）系统地阐述了"共享经济"的理念，他们将协同消费定义

---

① ［美］罗宾·蔡斯：《共享经济：重构未来商业新模式》，王芮译，浙江人民出版社，2015，第 23-37 页。

② ［美］杰里米·里夫金：《零边际成本社会——一个物联网、合作共赢的新经济时代》，赛迪研究院专家组译，中信出版社，2014，第 11-16 页。

③ Felson M and Paeth J L, "Community structure and collaborative consumption: A routine activity approach", *American Behavioral Scientist*, Vol. 21, No. 4, 1978.

④ Russel Belk, "Sharing", *Journal of Consumer Research*, Vol. 37, No. 5, 2010.

为超越所有权获得产品和服务的活动。① 消费者可以通过合作的方式来和他人共同享用产品和服务，而无须持有产品与服务的所有权。波茨曼与罗杰斯将其分为三个类别：一是产品服务系统，即共享或租借某种产品的信息平台；二是再分配市场，其本质是二手商品交易市场；三是共享时间、技能等虚拟资产，实现整个社会生活网络的重构，并由此产生群体协同效应，即协同生活方式。在此基础上，国外学者们认为，现在的共享经济是指利用互联网等现代信息技术，以使用权共享为主要特征，整合海量的分散化闲置资源，满足多样化需求的经济活动总和。②

　　虽然国内对于共享经济的相关研究起步较晚，理论研究较为滞后，但由于我国共享经济实践的发展迅速，众多学者也从不同角度对共享经济进行了概念界定。董成惠认为，共享经济是借助互联网络平台，以共享使用权为目的的消费模式。③ 李佳颖提出共享经济是移动互联网时代中基于共享闲置物品或服务的新的商业模式，需要依托互联网技术、可供挖掘共享的社会资源以及拥有分享意识的社会主体。④ 刘根荣提出，共享经济就是以互联网技术为支撑，以网络平台为基础，以信任为纽带，以所有者生活不受影响为前提，所形成的个人闲置物品或资源使用权共享的开放性交换系统。⑤

　　综上，本书中所指的共享经济是依托于现代互联网信息技术，借助网络平台，通过使用权分享的方式，使海量的分散化的社会资源在供需双方间实现高效匹配，满足多样化需求的一种商业模式。其中的核心理念是"使用而不占有"。基于此概念，共享经济具有以公众参与为基础，以网络中间平台为中介，以精准高效的资源匹配为目标，以使用权分享

---

① ［美］雷切尔·博茨曼、［美］路·罗杰斯：《共享经济时代：互联网思维下的协同消费商业模式》，唐朝文译，上海交通大学出版社，2015，第8-9页。
② 刘根荣：《共享经济：传统经济模式的颠覆者》，《经济学家》2017年第5期。
③ 董成惠：《共享经济：理论与现实》，《广东财经大学学报》2016年第5期。
④ 李佳颖：《共享经济的内涵、模式及创新监管的对策》，《经济体制改革》2017年第6期。
⑤ 刘根荣：《共享经济：传统经济模式的颠覆者》，《经济学家》2017年第5期。

为核心，以现代互联网信息技术为依托等特征。共享经济按照不同依据可以分为不同类型，例如按共享的对象可以分为产品共享、空间共享、知识技能共享、劳务共享、资金共享、生产能力共享等。[①] 按照运营方式的不同可以分为以下几种模式。一是个人对个人（C2C）模式，即供需双方通过第三方平台完成交易，共享经济平台从中收取一定费用，如网约车等；二是个人对企业（C2B）模式，平台企业通过众包的方式将独立个人的资源进行整合并提供给企业，以实现供求双方的匹配，如猪八戒网、途家公寓等；三是企业对个人（B2C）模式，共享经济企业平台充当供应方，自行筹备资源为需求者提供服务，如共享单车、共享充电宝等；四是企业对企业（B2B）模式，供需方均为企业，双方通过企业平台实现产能、资产、人员等资源的共享，如慧聪网等。

3. 共享经济相关概念辨析

首先，共享经济与分享经济。共享经济与分享经济的概念来自英文"sharing economy"，在中文语境中经常混用。二者均强调借助共享平台让人们共同使用资源以提升资源的利用效率，从而更好满足人们需求。但是，二者也存在一定差异。从资源的归属角度看，共享经济是将现有的闲置社会资源通过互联网平台有偿提供给他人使用，属于存量分享。分享经济则是企业（或组织、个人）平台通过创造或者整合新的资源方式让使用者有偿共同使用，是增量分享。从商业模式看，共享经济是个人、组织或者企业通过互联网平台分享闲置物品或服务并获得收入的经济现象，属于C2C的商业模式，参与主体间地位平等、信息对称。分享经济则是企业（组织或个人）整合或创造新资源并通过互联网平台与他人分享并获得收入的经济现象，属于B2C的商业模式，资源提供者占据主导地位，二者地位不平等，信息不对称。从产权所有的角度看，共享经济

[①] 国家信息中心信息化研究部、中国互联网协会分享经济工作委员会：《中国分享经济发展报告2020》，国家信息中心，2020年3月9日。

实现了产权和使用权的分离，面对的是如何分配的问题。而分享经济虽然也存在二者的分离，但是产权拥有者只是有限度地出让使用权，面对的是如何再分配和提高再分配物品有效性的问题。如果严格来划分，当前社会中的共享单车、共享充电宝并不属于共享经济，而是分享经济模式。网约车中的顺风车则属于共享经济范畴。本研究认为，共享经济是一个广义的概念，而非特指 C2C 模式的经济形态。例如，共享单车项目虽然没有完全利用现有社会闲置的自行车资源，仍然是用使用型的新增量替代拥有型的旧存量，但它基于现有的新增存量去减少增量物品的大规模生产，大大降低个人对自行车的拥有量，使得自行车的利用率大大提升，同样达到了用有限的物品满足多人需要的共享目的。因此，将分享经济的商业模式也纳入共享经济范畴。

其次，共享经济与租赁经济。共享经济与租赁经济既有交叉重复也存在一定差异。现代租赁经济依托于互联网平台，也实现了所有权的转移。一些专家学者从转让使用权的角度出发，认为分享经济是租赁经济的一种形式。如霍顿（Horton）等提出共享经济是通过互联网平台建立的个体间闲置资源的租赁市场。① 但是，租赁经济仅抓住了"使用权转移"这一内核而并不能等同于共享经济。共享经济依托于联结供需双方的互联网中介平台，用户之间通过该平台实现资源共享，平台则收取一定费用，并不占有物品、服务的所有权，是属于轻资产的模式。而租赁经济是通过互联网平台出租物品的使用权，赚取租金和押金的利息。这种商业租赁由企业主导，是一种重资产模式，其前期投入、中期运营、后期维护带来的成本巨大，并且仅限于部分行业或领域之中。中国的共享单车已经远超租赁经济局部地区使用的限制，形成了全国性的使用规模，极大地提升了自行车利用率，形成了具有中国特色的租赁模式的共

---

① Horton J J and Zeckhauser R J. *Owning, using and renting: Some simple economics of the Sharing Economy*, Amsterdam: Social Science Electronic Publishing, 2016, pp. 88-105.

享经济。

再次，共享经济与协同消费。协同消费（collaborative consumption）这一概念由马科斯·费尔逊（Marcus Felson）和琼·斯潘思（Joe L. Spaeth）首次提出，认为协同消费是多人在共同参与活动中消费商品或服务的行为。[①] 协同消费是在群聚效应、闲置产能、社会公共资源和陌生人之间的信任基础上产生的，通过传统的面对面共享或者利用网络组建社群等形式实现交换需求间的匹配，将"点对点"的渠道转变为"多对多"的平台。2010 年，雷切尔·波茨曼（Rachel Botsman）和鲁斯·罗杰斯（Roo Rogers）在协同消费的基础上提出了"共享经济"的概念。[②] 由此可见，协同消费和共享经济具有相同的成分，但随着生产力的飞速发展，商品和服务的交换逐步上升到共享层面，这种共享不仅局限在个人协同生活层面，更是整个社会对经济的基本需求。因此，协同消费是共享经济的雏形，共享经济是对协同消费概念内涵的升级。

最后，共享经济与平台经济。共享经济要依托于共享平台，具有典型的平台经济特征。因此，在共享经济诞生之初也一度被认为是平台经济的延伸。但是，平台经济只是重新组织传统经济链条的上中下游，构成围绕平台的环形链条，从而节省环节成本，提升产业效率。共享经济则主要是利用被社会闲置的资源，通过使用权的转让为供需双方创造价值，提高整个社会的商品使用率。因此，平台经济与共享经济虽然有相似的形式，但存在着重大差别。

针对共享经济的概念，专家学者从不同视角进行了研究和分析，但目前尚未形成统一的概念。从总体来看，狭义的共享经济概念是指以互联网平台为依托，利用闲置状态的社会资源，并且资源提供方和需求方

---

① Felson M and Paeth J L, "Community structure and collaborative consumption: A routine activity approach", *American Behavioral Scientist*, Vol. 21, No. 4, 1978.

② ［美］雷切尔·博茨曼、［美］路·罗杰斯：《共享经济时代：互联网思维下的协同消费商业模式》，唐朝文译，上海交通大学出版社，2015，第 8–9 页。

身份对等。广义的共享经济，是指利用互联网为主的平台，通过"共享"方式实现的社会资源高效分配的经济模式。本研究重点探讨的是共享经济快速发展引发的监管和治理问题，而非具体的商业模式。这些问题是由共享经济所特有的使用权和所有权分离的属性引发的，加之共享经济平台的引入，使得公众、企业和政府形成的监管链条十分复杂。

因此，本研究中所界定的共享经济指其广义的概念，C2C 模式的网约车以及 B2C 模式的共享单车等都被纳入该研究范畴中，并且不再进行更细致的区分。

二、监管

1. 监管、共享经济监管的概念界定

监管（supervision）一般也称为"规制""管制"，是政府基本职能之一，因此长期以来又被称为政府监管。虽然政府监管的实践由来已久，但学界至今尚未对监管的概念形成统一界定。在经济学领域，监管是国家进行经济调控的一种手段，目的在于消减市场经济的负外部性导致市场失灵的问题，以保障市场经济的正常运行。美国著名的管制经济学家丹尼尔·F. 史普博（Daniel F. Spulber）认为政府监管是"行政机构制定并执行的直接干预市场机制或间接改变企业和消费者供需决策的一般规则或特殊行为"。[①] 日本学者植草益（Masu Uekusa）认为监管是"社会公共机构依照一定规则对个人或者企业的活动进行限制的行为"。[②] 另一方面，监管也被理解为一种政治行为，是政府为特定目标如公共利益、利益集团等而开展的活动。如米尼克（Mitnick）认为政府监管是从公共利益出发针对私人行为而制定的公共行为政策。[③] 此外，也有一些学者从法

---

① ［美］丹尼尔·F. 史普博：《管制与市场》，余晖等译，格致出版社，2017，第 45 页。
② ［日］植草益：《微观规制经济学》，朱绍文译，中国发展出版社，1992，第 1-2 页。
③ Mitnik B M, "The political economy of regulation: Creating, designing, and removing regulatory forms", *Contemporary Sociology*, Vol. 10, No. 4, 1980.

学角度对政府监管进行概念界定。如我国学者王俊豪认为监管是具有法律地位的、相对独立的管制者（机构）依照一定的法规对被管制者（主要是企业）所采取的一系列行政管理和监督行为。[①] 余晖则提出政府监管是政府行政机构对经济主体如企业和消费者所实施的直接控制，这种控制必须以行政、准立法或准司法为手段。[②]

综上所述，监管是指政府通过政策法规来约束企业、消费者等经济主体的行为。然而，虽然各学科对监管概念界定的视角不同，但是均以政府为中心，忽视了其他非政府机构在监管活动中的重要作用。本书认为共享经济的监管是指政府与企业、公众等多元主体通过沟通协商的方式，共同制定相应的政策法规，并综合运用行政手段、经济手段或法律手段等对共享经济的发展进行约束和引导，从而实现社会公共利益最大化、促进共享经济健康有序发展。

2. 现代监管的演变趋势

现代意义上的政府监管起源于 19 世纪的美国，以 1887 年美国为禁止铁路公司的某些不正当活动而成立的州际贸易委员会为标志。但是具有监管性质的活动在这之前就一直存在。例如，在 19 世纪中期以前就有类似的早期监管现象，称为"前现代监管"时期。在这一阶段，政府尚未形成明确的监管分工，并且政府监管机构权威性不足，主要依靠行业协会等机构进行自我监督。[③] 19 世纪后期，随着美国联邦政府成立一系列的独立监管委员会，这些机构履行对特定领域的监管职权，同时政府在监管活动中的作用越来越重要，逐步形成了"监管国家"的监管体制。20 世纪 60 年代后期，政府监管在全球进一步扩展，从传统的经济监管领域扩展到社会领域、从美国扩展到欧洲，在全球确立了由政府建立独立

---

① 王俊豪：《政府管制经济学导论：基本理论及其在政府管制实践中的应用》，商务印书馆，2017，第2–4页。

② 余晖：《管制与自律》，浙江大学出版社，2008，第34–61页。

③ John Braithwaite. *Regulatory Capitalism*: *How it Works*, *Ideas for Making it Work Better*. Cheltenham: Edward Elgar Publishing, 2008, p. 12–14.

专业化的监管机构进行市场监管的模式。20 世纪 80 年代，随着众多领域自治体系的逐步完善，传统政府直接指令式的监管模式已经无法适应现实需要，因此逐步向政府监管与非政府监管的混合模式转变。可以说，西方国家的监管大体经历了"前现代监管"、以政府监管机构为中心的"政府监管"和政府与其他社会组织协同共治的"监管治理"三个阶段。[①]

20 世纪 80 年代，随着经济性监管扩展至社会性监管之后，政府监管面临着更加复杂的社会环境，传统政府监管依靠命令控制型的监管弊端已经显现，产生了诸如法规泛滥、过度监管的问题。另一方面，许多领域的自我治理体系逐步完善成熟起来，要求减少政府干预的新自由主义思潮也在不断发展。于是，西方国家开始思考如何更灵活、有效地实现监管目标，怎样从单纯依靠政府自上而下的命令控制向不同主体协同共治的格局转变。这些改革要求与近年来兴起的治理理论不谋而合，这使得监管和治理走上了融合发展的道路。因此，西方国家传统的政府监管模式也将逐步进入"监管治理"时代，或称为"后监管国家""新监管国家"时代。目前，我国许多非政府监管力量也在逐步发展，治理理念在改革中逐步深入人心。打造协同监管治理格局，推动监管治理体系的发展是我国未来监管和治理的必然趋势。

三、治理与协同治理

"治理"（governace）源自古希腊语"引领导航"（steering）一词。20 世纪 90 年代，随着社区组织、志愿团体等社会自治组织的发展，学者们给予"治理"以新的内涵，使之彻底与"统治"概念区别开来，并逐步成为公共管理的核心概念。陈振明教授提出，治理是为了实现与增进公共利益，政府部门和非政府部门等众多公共行动主体彼此合作，在相

---

① 杨炳霖：《从"政府监管"到"监管治理"》，《中国政法大学学报》2018 年第 2 期。

互依存的环境中分享公共权力，共同管理公共事务的过程。① 治理理论的主要观点有：第一，治理主体的多元化。治理需要权威，但权威并不为政府所垄断。即政府不是国家唯一的权力中心，各种民间组织如非政府组织、志愿团体、协会等同样是合法权利的来源。第二，治理方式、手段由强制命令向沟通协商转变。第三，治理是一个上下互动的过程，在共同目标的基础上，政府与其他治理主体通过合作和协商的伙伴关系来处理公共事务。因此其权力向度是多元的，各主体间是平等的关系，并非纯粹自上而下运行。

治理的核心观点是去中心化或多中心化，协同是其中应有之义。随着互联网信息技术的发展和普及，整个社会交织成紧密联系的"网"，公共事务的治理不可能单独依靠政府就能实现，需要企业、非营利组织、公众等的协同配合。协同治理就是不同参与者为了共同目标一起合作、共同行动。因此，王伟和张海洋认为，协同治理是指在治理空间内的政府、市场、社会组织、公众等参与主体，充分利用各自的资源、知识、技术等优势，以非线性的互动来演绎的合作方式，从而形成的一种新治理方式。② 徐嫣和宋世明也提出，协同治理是一个互动、协调的过程，它强调治理主体的多元性、系统的动态性、自组织的协调性和社会秩序的稳定性。③

综合以上观点，本书中的协同治理是指政府、经济组织、社会公众和非政府组织等以维护进公共利益、促进共享经济健康发展为目标，以一定的制度、程序和规则为共同规范，在政府主导下通过广泛参与、协商合作和共同行动，利用各自优势共同管理我国共享经济各类新业态的过程以及在这一过程中所采用的各种方式的总和。

---

① 陈振明主编《公共管理学——一种不同于传统行政学的研究途径》，中国人民大学出版社，2003，第87页。
② 王伟、张海洋：《协同治理：我国社会治理体制创新的理论参照》，《理论导刊》2016第12期。
③ 徐嫣、宋世明：《协同治理理论在中国的具体适用研究》，《天津社会科学》2016年第2期。

四、公众与公众参与

1. 公众

公众（publics）通常是指具有共同利益基础、共同要求或面临共同问题的社会大众或群体。1991 年，联合国在芬兰缔结的《跨国界背景下环境影响评价公约》中曾对"公众"一词加以界定，提出"公众是指一个或一个以上的自然人或法人"。对于公众的界定，我国学术界仍然有较大的争议。有些学者认为公众是相对于政府组织而言的普通群众。也有学者提出公众不仅包括群众个体，还包括群体和组织，只要与公共事务有利益关系并相互影响的组织、群体或个人都可以是公众。① 在本研究中，共享经济监管治理中涉及的公众侧重于群众个体而非群体和组织，具体指直接参与共享经济活动或受到共享经济活动影响的个人。

2. 公众参与

公众参与作为新兴的民主参与方式，为推进现代国家的民主政治和社会治理实践提供了良好途径。众多专家学者从不同视角对公众参与的定义进行了阐释，主要可以分为广义和狭义两个方面。从狭义上讲，公众参与指公众参与投票等政治性活动。如李图强认为公众参与是公民自愿地通过各种合法方式参与政治生活的行为。② 贾西津认为公众参与在经典意义上主要是指公民通过政治制度内的渠道，试图影响政府的活动，特别是与投票相关的一系列行为。③ 从广义上看，公众参与从传统的政治性行为，发展到社会公共事务管理的活动，即只要是公众采取的并尝试影响公共政策的活动都属于公众参与。蔡定剑认为，公众参与的范围不仅包括行政立法与决策，还包括决定公共事务、进行公共治理，公众参与的方式则是与政府、公共机构进行互动，其结果则是对公共决策和治

---

① 王周户：《公众参与的理论与实践》，法律出版社，2011，第 345 页。
② 李图强：《现代公共行政中的公民参与》，北京经济管理出版社，2004，第 2 页。
③ 贾西津：《中国公民参与——案例与模式》，社会科学文献出版社，2008，第 3 页。

理行为产生影响，进而决定公共事务。① 公众参与包括以下几个特征：首先，公众参与是一个连续的双向交流互动过程。其次，政府等主体要积极调动公众个体参与相关活动的积极性，使公众能够参与到决策和执行过程中，妥善解决各种冲突、矛盾，具有外力推动性特征。再次，公众应具有主动参与者的意识，自觉履行公共责任，具有内在主动性的特征。

综合以上结论，本研究主要从广义角度对公众参与进行理解和界定。即公众参与是指具有共同利益、要求的社会群体介入到涉及公共利益事务的决策与治理活动中的所有行为。在本书中主要指社会公众参与到对共享经济监管治理活动中的行为。

第二节 理论基础

共享经济的迅速崛起给我国经济社会发展带来了巨大机遇，但是它所造成的"创造性破坏"也引发了诸多问题，亟待政府将其纳入监管体系之中。然而，面对使用权和产权相互分离的共享经济新模式，基于"产权"建立的传统管制型政府监管模式已难以对各种新业态进行有效监管，急需要探索建立适用于"互联网+"时代共享经济发展需求的新监管模式。协同治理理论为破解共享经济监管困境提供了应对思路。即政府必须打破"全能型""家长式"的监管角色定位，将市场和公众能承担的部分监管责任转移给企业平台、社会公众等多元主体，与企业、非政府组织和社会公众等展开协同合作，推动对共享经济的共同监管。因此，如何实现多元协同成为对共享经济进行有效监管的关键问题。共同生产理论和回应性监管理论作为对协同治理理论的积极回应，分别从公众和政府的视角对协同治理理论进行了深化发展，推动了协同治理理论的发

---

① 蔡定剑：《公众参与风险社会的制度建设》，法律出版社，2009，第5页。

展和运用。其中，回应性监管理论正是在协同治理理念指导下打破传统监管模式，建立政府与非政府合作型监管模式的新方案，为推动传统监管体制改革、构建协同治理体系提供了现实策略。而共同生产理论则分析了公众在公共服务供给中的重要作用，为弥补公众参与不足的困境，调动社会公众参与共享经济监管提供了重要启示。可以说，协同治理理论、回应性监管理论和共同生产理论一以贯之，围绕政府、企业与公众间的协同合作，从不同层次和视角为解决共享经济合作监管难题，探索构建多元协同的监管模式提供了有效思路和理论指导。

一、协同治理理论

20 世纪 80 年代以来，许多国家出现经济滞胀和社会公共事务日趋复杂化等问题，单纯依靠政府的传统管理模式和科层组织结构已难以应对不断涌现的新事物和新问题。于是，世界各国开始对公共部门进行改革，探索构建立跨部门的组织架构和工作机制，以推动不同主体之间的协同合作，共同提升公共服务和决策的质量。协同治理理论正是在跨部门协同管理的实践中应运而生。

协同治理理论是在德国著名物理学家赫尔曼·哈肯（Hermann Haken）在 20 世纪 70 年代创立的协同学以及社会科学中的治理理论基础上发展起来的。[①] 协同即"相互协调、共同作用"，是指在一定制度、程序和规则下，通过多行为体的集体行动，整合不同资源和力量，从而实现系统整体的目标。[②] 治理就是政府主体和非政府主体合作共同解决社会公共问题的过程。协同治理的主体不是一个实体组织，而是由政府、社会组织、公众等组成的多元管理系统。在这个系统中，各个主体地位平等，以促进公共利益的发展为共同目标，运用经济、法律法规等方式共同治理和

---

① ［德］赫尔曼·哈肯：《高等协同学》，郭治安译，科学出版社，1989，第 1-7 页。
② 周定财：《基层社会管理创新中的协同治理研究》，苏州大学博士论文，2017，第 61 页。

监管社会事务。协同治理通过共同的目标将系统内各个要素联系起来，从而产生"1+1>2"的效率。该理论有以下几个特征：

第一，治理的主体是多元的。现代社会没有任何一个组织或者行为体能够独立实现治理目标。当代公共事务的治理需要改变单纯依靠政府开展监管的思路，要让市场主体、社会组织以及公众都能在一定范围中体现价值、发挥治理作用。然而，在这个过程中，政府仍然掌握行动纲领、目标计划、提供政策资金，在必要的时候进行引导和控制，并最终做出决策。因此，政府在协调各方中仍处于主导地位。第二，治理的过程是动态的。即治理的机制、规则、技术、方式会随公共事务发展的不同发展阶段进行动态调整。各主体在治理中强调协商合作、相互信任，实现共建共享，共同管理社会公共事务。第三，治理主体间的互动是协调的，各主体相互依存，相互影响而非单一主体强行施加影响力或者信息的单向流动。企业、非政府组织以及公众等主体自主同政府开展协同合作，在治理过程中不断寻求各方利益的平衡以实现善治的目标。第四，治理的对象是公共事务。第五，制定并遵循共同的规则。参与治理的各主体必须遵循共同的规则，并将各方的权利、义务、关系等通过正式方式（如政策文本、法律法规等）确定下来。

协同治理有许多基本要素构成，包括协同主体、协同客体、协同机制、协同动力、协同目标等，各要素之间关系紧密，不可分割。协同主体主要是指参与公共事务治理的行为主体。在本研究中主要是政府机构、企业平台、社会组织以及社会公众等。这些主体之间地位平等，各司其职，通过参与、合作协同实现对共享经济各种新业态的有效监管，从而达到公共治理的目标。协同对象即协同治理指向的公共事务等客体，本研究指共享经济各类新业态。协同机制是多元主体进行沟通、互动、配合、行动、监督等的方式方法，包括沟通交流机制、分工协作机制、催化推进机制和保障落实机制等。共享经济的监管与治理涉及多元主体，如何建立协同机制来解决利益冲突、提升治理效能是实现协同治理的关键问题。协同治理动力是指推动多元主体之间开展合作共治的各种力量。共享经济的协同监管治理需要持续推进外部压力和内部动力的耦合。其中，外部压力属于客观环境动力因素，内部动力则来源于各参与主体本身的积极性。内部动力的驱动必须与外部动力的刺激相互适应和匹配，才能从根本上保障我国多元信用监管治理动力机制的正常运行。协同治理目标是指通过协同合作，达到预期的治理目的。国内外专家学者们总结提炼了协同治理的核心影响因素，将诸多因素置于统一的分析框架中，从而提出了多种协同治理分析框架。例如，美国学者柯客·埃默森（Kirk Emerson）和蒂纳·娜芭齐（Tina Nabatchi）等提出了融合性的协作治理分析框架，包括协作治理体制的系统背景、协作治理体制以及协作性产出三个方面，其中有原则的参与、共同动机以及联合行动能力是协作治理体制的核心组成部分。[①] 中国学者刘小泉、朱德米也结合中国公共管理问题提出了协作治理的理解框架，包括起始条件、协作过程和结果三个维度。[②] 邓念国提出协作治理的有效性主要包括受参与者结构、制度平台、动力机制、相互作用类型等几个方面，其中价值基础、联结纽带、融通介质以及权力机构是实现协作治理的关键影响因素。[③] 结构多元性是协作治理的本质要求。因此，政府、企业、社会、志愿组织等都应该参与到协作中来，共同构建一个多元参与的主体结构。协作治理的制度平台是多方信息交流和相互影响的场所，可以是论坛、也可以是会议、约谈、谈判等。动力机制意味着各利益相关者参与协作过程的意愿、期望以及目标等。相互作用类型包括协调、辩论、讨论、合作博弈等多种形式。共同愿景则是各方协同合作的价值基础，信任是合作纽带，网络

---

① Emerson K, Nabatchi T and Balogh S, "An integrative framework for collaborative governance", *Journal of Public Administration Research and Theory*, Vol. 22, No. 1, 2012.

② 刘小泉、朱德米：《协作治理：复杂公共问题治理新模式》，《上海行政学院学报》2016 年第 4 期。

③ 邓念国：《公共服务提供中的协作治理：一个研究框架》，《社会科学辑刊》2013 年第 1 期。

等社会资本是融通介质，多中心的结构是合作治理的必然要求。

面对以网络平台为关键技术支撑的共享经济，传统的政府监管制度和手段越来越难以适应共享经济发展需要，而协同治理理论为我国共享经济引发的监管困境提供了有效的应对思路。从监管主体看，政府必须破除"家长式"的监管角色定位，适当转移为由企业平台、行业组织以及社会公众肩负起监管职责，真正发挥多元主体的监管责任。从监管手段、方式看，命令型的传统规制措施会使共享经济的优势大打折扣，有碍新业态的健康成长，因此，沟通协商、相互信任、不断调整的新型监管手段和方式成为必然选择。从权利结构和运行向度看，共享经济监管中的政府、企业、社会公众等是平等的关系，治理的过程是上下互动的过程，即政府监管企业平台、平台监管各自用户，多元主体通过协商合作共同实现监管治理目标。

二、回应性监管理论

20 世纪六七十年代，西方国家社会性监管（例如食品安全、消费者权益、社会保障、环境保护等）的大幅增加导致了过度监管现象的出现，而新自由主义者主张要更多地依靠市场机制进行调节，放松政府监管。面对加强还是放松监管的争论，美国学者伊恩·艾尔斯（Ian Ayres）和约翰·布雷斯维特（John Braithwaite）分别从经济学博弈论和社会学的角度证明，单纯使用政府监管或市场调节都不会取得最佳效果，必须通过混合使用政府和非政府监管手段才能获得。因此，他们在各自研究成果并吸收了美国学者塞尔兹尼克（Selznick）"回应性法"理念的基础上，于 1992 年在《回应性管制：超越放松管制的争论》一书中提出了回应性监管理论。① 此后，回应性监管理论进一步完善，衍生出了"智慧监管"

---

① Ayres I and Braithwaite J, *Responsive regulation*: *Transcending the deregulation debate*, Oxford: Oxford University Press, 1992, pp. 10–12.

"结点治理""后设监管"等众多理论。

　　回应性监管理论是对治理理论的回应，它的中心目标是建立政府与非政府的合作型监管模式，强调政府必须改变自身定位，保障其他非政府组织的主体地位，并激发他们自我监管的意愿和能力。[①] 该理论主要包括回应、塑造、协同和关系性四个方面的内容。第一，以"回应"为代表性特征。该理论提出要打破传统政府主导的命令控制型监管模式，要根据被监管者的具体情况给予差别性对待，采取有针对性监管策略或手段而非无差别的惩罚，从而对被监管者产生激励。第二，以"塑造"为价值内核。回应性监管理论认为监管主体和监管手段是多样的。除了政府以外，公众、非政府组织和企业组织等都可以成为监管者，而监管手段也可以是激励、表扬、批评、说服教育等，并不一定是强制措施。因此，政府应该塑造和激发其他监管者的主体意识和公民精神，使之能够主动履行监管责任，形成多元合作监管网络。第三，以"协同"为手段。传统监管理论认为监管的实施主要依靠政府强制力，而回应性监管理论认为多元监管主体应共同参与、讨论协商设计、制定监管制度与策略。在实施监管中要与被监管者进行充分的沟通协商，协调使用不同监管策略，尽量减少处罚措施。政府应当与不同监管主体建立合作关系，以扩大自身监管能力。第四，以"关系性"为基石。回应性监管必须建立在监管者与被监管者密切关系基础之上，要重视信息的沟通、传递，不断缩短二者之间的距离。此外，在选择监管手段时，回应性监管理论主张采取针锋相对法，即将监管手段按照监管强度进行排序，首先考虑运用说服教育、自我监管等"软措施"，逐步提高监管强度，将强制手段留在最后使用，以更好地激发个体的公民精神和主体意识，推动公众能够主动履行社会责任，笔者将这一过程称为"金字塔"理论（如图 2-1、2-2所示）。"金字塔"理论对于促进监管治理的融合发展具有重要作用。

---

① 杨炳霖：《回应性监管理论述评：精髓与问题》，《中国行政管理》2017 年第 4 期。

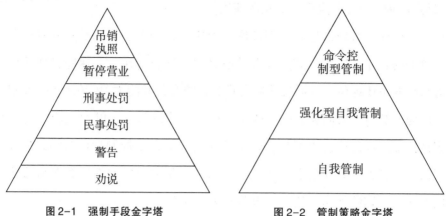

图 2-1　强制手段金字塔　　　　图 2-2　管制策略金字塔

回应性监管要求政府和非政府组织共同行使监管权，摒弃了过去片面的"政府监管"范式，有助于树立以"大监管"理念为基础的合作型监管治理新范式，为调动各参与主体合作监管积极性、构建多元协同监管模式的提供了有效方案和推进措施。首先，回应性监管理论强调对新业态的"回应性"，要求根据共享经济的新情况、新特点予以区别对待，采取不同的监管措施。其次，回应性监管理论从多个方面提出了调动多元主体参与合作监管积极性的建议，有助于构建共享经济多元协同监管模式。最后，回应性监管理论进一步深化发展了协同治理理论，提出选取适当监管手段的方法，有助于协同治理理念在共享经济监管治理实践中的运用。

三、共同生产理论

共同生产理论起源于 20 世纪 70 年代，是由诺贝尔奖获得者埃莉诺·奥斯特罗姆（Elinor Ostrom）在印第安纳大学政治理论和政策分析工作坊的学术研讨会中首次提出，最早被运用于美国城市服务的研究之中，是指在公共服务的供给与生产中非同一组织中的生产者共同投入到生产决策和过程的合作模式。[①] 例如，社区安全管理固然需要政府以及物业的投入，但也需要公众在日常生活中增强安全意识，及时上报各种隐患和危险。通过公众的志愿参与自我服务，可以有效降低公共部门投入的服务成本，提升安保服务效益，从而更好地创造公共价值。这一理论的产生与当时美国的财政削减和新公共管理的兴起一致，被认为是解决"更多的服务，更少的税收"两难困境的一条新途径。[②] 20 世纪 80 年代，公共管理专家学者反思了传统行政模式，主张通过公共服务私有化、绩效、内部签订合同和服务外包等方式，依靠市场化和竞争提供公共服务，将公众视为政府的顾客而非委托人。这种模式虽然实现了"掌舵"和"划桨"的分离，使得公共服务供给主体多元化，提高了服务提供效率。但是新公共管理运动并未改变服务供给中政府和公众的本质关系，公众始终处于"从属"地位。21 世纪初建立起的新公共治理模式则强调政府、公众以及其他行动者（如非营利组织）之间建立起网络化的组织关系，实现多元主体决策。这一模式赋予了政府和公众全新的角色，视公众为公共服务供给中同等重要的参与者，必须依靠双方共同努力才能合作生产出满意的公共政策结果。因此，共同生产正是新公共治理模式的重要内容，是对新公共服务理念的回应。[③] 这一理论强调公众在公共服务供给中的积极遵从、志愿参与和自我服务，将服务供给责任交给政府、公众及其他社会组织的联合体而非某一单独的主体，从而有效地减少了公共部门公共服务支出、降低了服务成本，提高了服务效益，因此逐渐发展为政府治理的重要工具，被广泛运用于治安、养老、监管、环境卫生、健康服务、垃圾处理等领域，并成为许多国家公共服务实践改革的指导性理论。

---

① Ostrom E，"Crossing the great divide：Coproduction，synergy，and development"，*World Development*，Vol. 24，No. 6，1996.
② 陈建国：《合作生产理论与公共服务治理的思维转换》，《天津行政学院学报》2012 年第 2 期。
③ 朱春奎、易雯：《公共服务合作生产研究进展与展望》，《公共行政论》2017 年第 5 期。

共同生产总体上看可以被理解为"公共服务供给中公共部门和公众的共同参与"。① 在这一概念诞生初期，共同生产理论主要强调除了公共服务的"常规生产者"（政府）外，公众也是服务供给中可靠的生产者，二者可以合作生产，共同创造公共价值。在此情况下，许多学者如帕尔（Parls）等认为共同生产是服务的常规生产者和消费者生产者的生产性行为的融合。② 布鲁德尼（Brudney）也提出共同生产是为了提高服务供给的效益，公众个人或团体与政府组织共同的生产服务。③ 20 世纪以后，随着治理理论的提出和发展，共同生产的定义更加侧重于强调公共部门与公众二者之间的关系。因此，博伊尔（Boyle）和哈里斯（Harris）提出，共同生产是由专业服务者与服务使用者提供的通过平等、互益的关系共同提供公共服务。④

综合以上观点，本研究认为奥斯本（Osborne）对共同生产的定义具有较好的代表性，他认为共同生产是"公共服务用户在服务设计、管理、提供和评价中志愿性或非志愿性的参与"。⑤ 这一理论包括以下几个方面内容。第一，并非所有的公众参与都是共同生产，只有公共服务的使用者参与到合作生产中时才是共同生产者。第二，政府并非公共服务的唯一提供者，市场服务供给者可以和政府、公众一起创造公共价值，参与到共同生产中。第三，共同生产不仅局限于狭义的公共服务供给环节，还包括服务的设计、管理和评价等多个领域。第四，公众在公共服务中的积极参与、自觉遵从甚至是非志愿性的、被迫采取的行为，只要存在

---

① 张云翔：《公共服务的共同生产：文献综述及其启示》，《甘肃行政学院学报》2018 年第 5 期。
② Parls R B, Baker P C, Kiser L, et al. "Consumers as coproducers of public services: Some economic and institutional considerations", *Policy Studies Journal*, Vol. 9, No. 7, 1981.
③ Brudney J, "Local coproduction of services and the analysis of municipal productivity", *Urban Affairs Review*, Vol. 19, No. 4, 1984.
④ Boyle D and Harris M, *The challenge of co-production——How equal partnerships between professionals and the public are crucial to improving public services*, London: New Economics Foundation, 2009, pp. 100-102.
⑤ Osborne S P, Radnor Z and Strokosch K, "Coproduction and the cocreation of value in public services: Asuitable case for treatment", *Public Management Review*, Vol. 18, No. 5, 2016.

一定自由决策空间，均属于共同生产。① 共同生产理论促进了公共部门与公众的直接联系，有助于调动公众的积极性和社会责任感，能有效地提升公共服务效率和公民社会的动员能力，极大地弥补了传统公共行政模式的不足。

值得强调的是，共同生产虽然针对公共服务，但并不排斥企业部门的加入，只要合乎公共利益，合作创造公共价值，均可以被认为是共同生产活动。②共同生产可以分为不同类型。里奇（Rich）根据结果不同，将共同生产区分为积极合作生产和消极合作生产；根据参与者的态度不同，分为主动合作生产和被动合作生产。② 布鲁德尼（Brudney）按照所获得利益的本质以及普通公共服务生产者和顾客之间活动的重叠程度，将共同生产的参与形式分为个人共同生产、团体共同生产和集体共同生产。③ 此外，共同生产、合作治理与合作管理虽然都是对多主体合作关系的描述，但侧重点不同。合作治理侧重于强调多主体在宏观决策过程中的协商一致，即政府与第三部门等通过加强联系、建立信任、达成共识，最终逐步产出结果。④ 合作管理是区别于政府集中管控和私有产权交换的第三种管理方式，是指政府和其他部门的行动者在服务供给中的合作与互动，公众处于被动地位。⑤ 而共同生产是指公众主动参与公共服务生产，或者在政府帮扶和监督的情况下完全自主地提供公共服务，强调公众在服务供给中的主体地位。可以说，合作治理侧重于宏观层面的政策

① Alford J, *Engaging public sector clients：From service-delivery to coproduction*, Palgrave Macmillan, 2009, p. 23.

② Rich R C, "Interaction of the voluntary and governmental sectors toward an understanding of the coproduction of municipal services", *Administration & Society*, Vol. 13, No. 1, 1981.

③ Brudney J L and England R E, "Toward a definition of the coproduction concept", *Public Administration Review*, Vol. 43, No. 1, 1983.

④ Ansell C, "Collaborative governance in theory and practice", *Journal of Public Administration Research and Theory*, Vol. 18, No. 4, 2008.

⑤ Victor P, "Citizens and co-production of welfare services", *Public Management Review*, Vol. 8, No. 4, 2006.

制定和形成过程，以及公民对决策的作用，而合作管理与共同生产侧重于微观层面政策的执行和实施。其中，共同生产更强调公众在合作关系中的主导地位和主动性。①

　　社会公众作为协同治理的重要参与主体，是构建多元协同监管新模式、实现对共享经济有效监管的重要力量。公众参与共享经济的协同监管是共同生产的基本内涵。面对我国共享经济协同治理中存在的公众参与不足的问题，共同生产理论为明确公众在共享经济监管治理中的角色地位，理顺监管中公众和政府的关系，进而探索影响公众参与监管的影响因素提供了理论指导和思路。在当前的相关研究中，许多学者以养老、扶贫、社区安保等为例，发现外在的物质激励、内在的道德规范、社会压力社会规范、外部环境因素以及对公共服务的满意度、信任度、社区归属感和团结度等均会对公众参与公共服务共同生产行为意愿产生影响。② 因此可以说，从公众参与的视角探索构建共享经济协同监管治理模式，是应对我国共享经济新业态监管难题的现实诉求，更是推动我国监管理论深化发展的客观需要。

第三节　研究综述

　　研究综述是准确掌握相关领域研究现状以及未来发展趋势的基础。近年来，共享经济及其监管问题逐渐成为社会各界关注和讨论的热点，

---

① Brandsen T and Pestoff V, "Co-production, the third sector and the delivery of public services", *Public Management Review*, Vol. 8, No. 4, 2006.

② Schneider A L, "Coproduction of public and private safety: An analysis of bystander Intervention, 'Protective Neighboring,' and personal protection", *Western Political Quarterly*, 1987, 40（4）: 611-630. Alford J, "Co-production, interdependence and publicness: Extending public service-dominant logic", *Public Management Review*, Vol. 18, No. 5, 2015. Alford J, "The multiple facets of coproduction: Building on the work of Elinor Ostrom", *Public Management Review*, Vol. 16, No. 3, 2014.

相关的学术研究也如雨后春笋般大量涌现。本研究从共享经济演化发展、共享经济协同监管治理体系构建、公众参与共享经济监管等几个方面进行文献梳理，以探讨当前研究中的不足，从而进一步完善共享经济及其监管的相关理论。

一、国内外关于共享经济研究现状及热点

1. 国外关于共享经济的研究现状及热点

共享经济最早诞生于美国，因此国外学者对共享经济的研究经历了从实践分析向理论探讨的演变过程，大致包括探究个案的盈利模式、分析共同的商业运作模式以及总结经济发展规律和影响方式三个阶段，并且在不同阶段中都产生了丰硕的研究成果。

第一阶段为基于实践案例的共享经济盈利模式研究。罗宾·蔡斯（Robin Chase）于 1999 年建立的 Zipcar 共享租车服务被认为是早期共享经济实践的案例。该模式由企业购买车辆，通过网络平台租赁给有需要的消费者。2008 年成立的 Airbnb 则完全是个人闲置资源的再利用。企业平台并不拥有房屋，只是通过互联网将房客与房东连接起来，并收取一定的服务费用。这种共享经济商业模式迅速扩展至其他领域。2009 年成立的 Uber 以及 2012 年成立的 Lyft 类似于 Airbnb，并非像早期的 Zipcar 租车一样购置自有车辆，而是搭建共享平台吸引有闲置车辆的车主加入，向有出行需求的消费者提供服务。企业利用互联网平台起到"撮合"作用，从中收取一定比例的服务费。早期的共享经济研究多以实践中兴起的新商业模式为研究对象，通过对不同案例盈利模式的探讨，从中总结出许多区别于传统商业模式的新特征，并以此为企业提供可行性建议。

第二阶段为企业商业模式运作研究。在案例研究的基础上，学者和企业家们开始思考这些成功案例是否具有可复制性，能否扩散至其他行业领域。巴恩斯（Barnes）和马特松（Mattsson）强调了在线市场和社交

网络技术在促进个体之间实现点对点的资源共享中的作用，并指出个体是协同消费的生产者也是消费者。① 罗宾·蔡斯（Robin Chase）作为共享汽车创始人提出了"人人共享模型"，并总结了共享经济模式运作的三个关键：开发利用社会剩余产能、互联网共享平台的匹配与监管和群体和个人的广泛参与。②

第三阶段为共享经济规律理论及社会影响的研究。共享经济的本质特征在于所有权和使用权的分离。闲置资产的所有者获得的利润正是从资产的使用价值而非所有权中取得的。因此，使用权的价值高于支配权。这与传统经济学的观点相悖。传统经济学认为，所有权和使用权是不可分割的，任何共享行为都在做"减法"，因而共享行为不会被人们所广泛接受。现代共享经济基于网络平台的高效匹配，使得所有权和使用权分离，人们的需求可以通过使用而不占有得到满足。据此，杰里米·里夫金（Jeremy Rifkin）认为这是"300年来第一次对整个资本主义经济范式的一次颠覆"。③

总体来看，当前国外对共享经济的研究主要集中于三个方面。首先是以蕾切尔·博茨曼（Rachel Botsman）和路·罗杰斯（Roo Rogers）以及加拿大学者拉塞尔·贝尔克（Russel Belk）等对共享经济商业模式以及影响的研究。贝尔克在对共享经济相关理论进行总结回顾的基础上，提出了共享经济商业模式并与其他经济模式进行了比较，分析了共享商业模式面临的挑战及未来发展前景。在当前出现的各种共享经济新业态中，专家学者们大致将其分为再分配模式、互助化模式和协作消费模

---

① Barnes S J and Mattsson J, "Understanding current and future issues in collaborative consumption: A four-stage Delphi study", *Technological Forecasting and Social Change*, Vol. 104, 2016.

② ［美］罗宾·蔡斯：《共享经济：重构未来商业新模式》，王芮译，浙江人民出版社，2015，第23-37页。

③ ［美］杰里米·里夫金：《零边际成本社会——一个物联网、合作共赢的新经济时代》，赛迪研究院专家组译，中信出版社，2014，第11-16页。

式。[1] 共享经济利用现有资源形成溢出效应,是对传统商业经济模式的有效补充。它能够有效降低交易成本,促进人们之间的交流与合作,推动就业和创业,对经济、社会、环境产生重大影响。[2] 但是,共享经济也可能会产生一系列的消极影响。[3] 例如,极大地冲击传统行业、产生新的行业垄断及分配不公等问题。其次,是以汉斯·韦博旺(Hans Verboven)等为代表的环境经济研究,主要围绕共享经济的环境经济价值,探讨了共享经济能否真正促进环境可持续发展等问题。[4] 哈拉尔·海因里希斯(Harald Heinrichs)认为,共享经济将占有转变为共享,减少人们对额外资源的消耗,有助于解决环境问题。[5] 最后,以德马伊(Damien Demailly)等为代表的共享经济主体行为研究,主要探讨了消费者参与共享经济的影响因素、政府如何对共享经济进行监管及其影响以及企业在共享经济中的行为特征等。[6]

2. 国内关于共享经济的研究现状及热点

目前,我国与共享经济相关的研究主要涉及共享经济概念内涵、类型划分、社会影响、面临的问题以及规制等方面。虽然,我国共享经济相关领域的研究起步较晚,但是共享经济实践发展迅速,也推动了我国共享经济研究的迅速发展。

第一,共享经济概念、内涵及特征的研究。目前,由于共享经济尚处于探索阶段,众多专家学者对共享经济概念的统一定义仍存在较多争

---

[1] Belk R, "Sharing", *Journal of consumer research*, Vol. 36, No. 5, 2010.

[2] Hira R and Hira A, "Outsourcing America: What's behind our national crisis and how we can reclaim American Jobs", *American Management Association*, No. 9, 2008.

[3] Malhotra A and Van Alstyne M, "The dark side of the sharing economy and how to lighten it", *Communications of the ACM*, Vol. 57, No. 11, 2014.

[4] Verboven H and Vanherck L, *The sustainability paradox of the sharing economy*, Sustainability Management Forum, Springer Berlin Heidelberg, 2016.

[5] Heinrichs H, "Sharing economy: A potential new pathway to sustainability", *Gaia Ecological Perspectives for Science and Society*, Vol. 22, No. 4, 2013.

[6] Demailly D and Novel A S, eds. *The sharing economy: Make it sustainable*, Paris: IDDRI, 2014, pp. 34–36.

议，并从不同角度形成了各自不同的看。董成惠认为，共享经济是借助互联网络平台，以共享使用权为目的的商业模式。① 马强则认为共享经济是指个人或机构把闲置的资源或服务有偿分享给需求者使用，从中获得报酬，而需求者通过使用供给者的资源创造价值。② 厦门大学刘根荣认为，共享经济的主要特征包括社会公众间的积极参与、闲置资源或物品的使用权的分享、完善的网络化社会化平台和完善的信任机制。③

第二，我国共享经济商业模式的类型。刘根荣将共享经济分为两大类：一类是涉及个人闲置物品出租，即只为物品使用权付费而不购买，如优步（Uber）、滴滴顺风车。另一类是通过个人冗余资源使用权的转让与合作实现收益共享，包括众筹、春雨医生等。《中国共享经济发展报告》将共享经济按照不同的标准划分为不同的类型，其中包括产品分享、空间分享、知识技能分享、劳务分享、资金分享生产能力分析五个部分。按照用户需求标准，分为出行、住宿、吃饭、穿衣、贷款、学习、就医、旅行、生产等。④

第三，共享经济产生的重要影响研究。专家学者从不同方面总结了共享经济的影响。例如，宋逸群和王玉海从个人、企业、产业、社会四个层面归纳了共享的作用，认为共享有利于个人创业，有利于企业建立商业生态系统，有利于驱动产业升级以及有利于形成共享的社会生态系统。⑤ 乔洪武和张江城从经济伦理的角度提出共享经济有助于改变传统消费主义文化，推动人们的消费向商品"使用价值"回归，促成一种适度消费、合作互惠、相互信任的经济伦理新常态。⑥ 杨帅从经济和环境两个

① 董成惠：《网约车类共享经济监管的理性思考：公共政策抑或竞争政策》，《电子政务》2019年第8期。
② 马强：《共享经济在我国的发展现状、瓶颈及对策》，《现代经济探讨》2016年第10期。
③ 刘根荣：《共享经济：传统经济模式的颠覆者》，《经济学家》2017年第5期。
④ 国家信息中心信息化研究部、中国互联网协会分享经济工作委员会：《中国分享经济发展报告2020》，国家信息中心，2020年3月9日。
⑤ 宋逸群、王玉海：《共享经济的缘起、界定与影响》，《教学与研究》2016年第9期。
⑥ 乔洪武、张江城：《共享经济：经济伦理的一种新常态》，《天津社会科学》2016年第3期。

方面分析了共享经济带来的影响，提出共享经济既有利于对社会闲置资源的挖掘和利用，也能够逐渐推动我国绿色发展观的传播与践行。[①] 比如，共享经济可以推动分工细化深入、交易模式的变革、产业转型和结构调整、降低创业成本、推动经济发展并加速向绿色化转型等。

二、推动我国共享经济协同监管与治理的研究概述

共享经济在带来巨大利益的同时，也产生了许多负外部性问题。杨鹏程和陆丽芳提出，当前我国共享经济面临着过度竞争导致资源浪费、供需双方存在信用障碍、引发社会管理问题、对政府监管能力提出挑战等四个方面问题。[②] 要坚持市场调节与政府监管相结合，不断健全政府监管体系。同时要充分发挥互联网的优势，构建信用合作体系，推动共享经济健康发展。白云朴和朱承亮也提出，共享经济的出现给我国传统组织模式、竞争秩序及格局、行业管理、产权制度和市场监管等各方面带来了前所未有的变革和挑战，必须要营造适合共享经济发展的良好制度环境，建立有效的共享经济市场监管体系，探讨多方协同治理机制以及创建全国统一的共享经济信息平台，推动共享经济的健康发展。[③]

政府监管部门难以有效监管共享经济的原因分析。共享经济实现了产权的非私有化，这导致以产权为基础建立的传统监管模式存在一定程度的局限性。此外，将新业态简单纳入现有管制体系中米，也进一步加剧了监管问题的出现。对此，刘权提出，植根于传统工业经济模式中的监管模式，存在监管理念不符合共享经济本质、过度依赖事前性监管措施、监管措施的实效性低等诸多问题。[④] 陈丹和陈阳也提出，传统的政府

---

① 杨帅：《共享经济类型、要素与影响：文献研究的视角》，《产业经济评论》2016 年第 2 期。
② 杨鹏程、陆丽芳：《互联网时代分享经济发展的经济学思考》，《价格理论与实践》2017 年第 5 期。
③ 白云朴、朱承亮：《移动互联网时代下我国分享经济治理模式变革、挑战及对策研究》，《江淮论坛》2017 年第 6 期。
④ 刘权：《分享经济的合作监管》，《财经法学》2016 年第 5 期。

规制难以适用于具有互联网特征的共享经济监管要求。[①] 因此，要转变政府监管理念，建立协同监管模式，充分发挥政府、平台企业、行业组织等不同主体的作用。

当前我国对共享经济进行监管的主要思路和措施。引导政府、企业和公众等多元主体共同参与共享经济合作监管已经成为当前学术界和实践监管中的共识。郑雯雯和陈建平提出，共享单车是具有准公共物品属性的新事物，涉及政府、企业和公众等众多利益相关主体，采用合作网络治理模式才是解决其负外部性问题的最佳路径。[②] 张丙宣也指出，对共享经济的监管是技术、法治、人的素养、企业社会责任等因素的函数，单个因素的改进并不能实现最优监管。[③] 此外，专家学者们从不同利益相关者角度提出了构建协同监管治理体制的客观要求。杨留花和诸大建提出政府和企业要建立伙伴关系，不断打破信息壁垒进行通力合作。[④] 政府应明确各主体责任，企业应自觉配合与执行政府要求，社会公众以及社会组织应积极参与到合作监管治理中，自觉发挥监督作用。郝雅立和温志强提出要实现共享单车的共建共治和共享，市场必须依托大数据和高科技进行精细化和专业化治理，政府应以制度化的"硬"限制和引导力的"软"约束引导企业，用户要自觉发声参与监管，依托大数据平台实现多方协同合作的智能化治理。[⑤]

---

① 陈丹、陈阳：《共享经济背景下网约车规制路径研究》，《河北学刊》2018 年第 2 期。
② 郑雯雯、陈建平：《合作网络治理：共享单车的治理模式选择及其优化对策》，《电子政务》2018 年第 8 期。
③ 张丙宣、华逸婕：《共享经济的监管：一个分析框架——以共享单车为例》，《浙江社会科学》2019 年第 5 期。
④ 杨留花、诸大建：《共享单车的治理逻辑——基于公共空间类型的对策分析》，《城市发展研究》2019 年第 5 期。
⑤ 郝雅立、温志强：《共建共治共享：大数据支持下共享单车智能化治理路径》，《管理评论》2019 年第 1 期。

三、公众参与我国共享经济协同监管与治理的研究概述

共享经济监管主要涉及政府、平台企业以及社会公众。依据"政府管平台，平台管用户"的监管思路，公众参与是实现协同监管的前提和基础，是推动共享经济协同治理和健康发展的重要力量。马宇格等基于协同治理框架对上海市摩拜单车协同治理的过程进行了分析评价，论证了公众在实现共享经济协同治理的重要作用，提出公众参与不足已成为我国构建合作型治理体系的重要障碍。[1] 金晶等利用利益相关者理论进行分析，也提出共享单车的协同治理必须充分发挥用户群体参与、配合、反馈的作用。[2] 冷向明和郭淑云更进一步说明在共享经济的治理中，既要加强正式制度规范，也要重视培育公众的"共享"和"信任"意识，形成以公共精神和公共责任为内核的非正式制度。[3]

在当前的研究成果中，部分专家学者们从用户视角探讨了相关影响因素。例如，杨学成分析了用户与企业平台的价值共创过程，提出信任氛围以及平台支持质量（信任、平等和角色明确）对公众自我决定感和共创公民行为有正向影响，用户对平台的依托实质上是对共享经济平台的信任。[4] 兰静等分析了用户认知因素对价值共创行为的影响，提出自我效能、责任认知、消费者企业认同度以及预期回报会产生显著的正向影响。[5] 此外，也有学者关注到了用户、企业与政府间的共同生产过程。顾丽梅和张云翔运用混合研究方法分析得出，当公众认为自己具有规范停

---

① Yuge M, Jing L, Thomas T, et al. "Challenges of collaborative governance in the sharing economy: The case of free-floating bike sharing in Shanghai", *Journal of Cleaner Production*, No. 197, 2018.

② 金晶、卞思佳:《基于利益相关者视角的城市共享单车协同治理路径选择——以江苏省南京市为例》,《城市发展研究》2018 年第 2 期。

③ 冷向明、郭淑云:《共享经济治理中的政府责任——以共享单车为例》,《经济社会体制比较》2018 年第 5 期。

④ 杨学成、涂科:《信任氛围对用户契合的影响——基于共享经济背景下的价值共创视角》,《管理评论》2018 年第 12 期。

⑤ Lan J, Ma Y, Zhu D, et al. "Enabling value co-creation in the sharing economy: The case of Mobike", *Sustainability*, No. 9, 2017.

车的能力，并且认可规范停车所带来的物质利益与道德规范时，他们就会更积极地采取规范停车行为。因此，共享单车用户的内部效能感、物质激励以及规范感召会正向影响其共同生产行为。[①]

四、研究评述

当前国内外专家学者对于共享经济的相关研究成果非常丰富，从理论渊源、概念内涵、重要影响、面临问题以及对策建议等方面进行了深入全面的分析，促进了共享经济的发展繁荣。但是，由于共享经济是近年来新兴起的经济模式，具有与传统经济模式、社会组织模式不完全相同的特点和属性，因此势必引发各类新问题，这也间接导致共享经济的理论研究落后于实践探索，难以满足实践发展需求。在当前共享经济研究领域中，尚存许多亟待关注与回应的问题，主要包括如何对共享经济进行有效监管以及如何完善协同监管治理体系等。在部分相关研究中，也存在研究成果难以直接运用于指导实践的问题，这需要研究者进一步分析和探讨，及时将各种共享经济新业态纳入研究范畴，从而给相关政策的制定以及共享经济实践发展以理论支持。总体来看，主要包括以下几个方面。

第一，从共享经济的研究趋势来看，逐渐从对共享经济商业模式、价值意义等的研究转向共享经济主体行为的研究，特别是政府、企业（企业家）、社会公众（消费者）等主体的行为特征以及对共享经济产生的影响，这与共享经济实践发展的现实需求相一致。例如，政府作为监管者，制定的政策会直接影响到共享经济的发展。企业作为共享经济的市场主体，如何探索有效的盈利模式以及履行管理责任，这关系到共享经济能否健康地生存发展。但是，当前成果对社会公众行为的相关研究

---

① 顾丽梅、张云翔：《共同生产视角下的城市共享单车服务治理——基于上海市案例的混合方法研究》，《公共管理学报》2019 年第 1 期。

相对较少，尤其是公众在参与共享经济的协同监管治理方面。而在为数不多的关于公众个体的研究中，主要集中于消费者参与共享经济的影响因素，以及对共享经济企业价值共创行为的分析。因此，从社会公众的视角开展相关研究，进一步关注公众个体的行为模式，发挥公众在共享经济合作治理中的作用，打造共建共治共享社会格局，正逐渐成为未来研究的热点和趋势。

第二，从共享经济协同监管的研究主题来看，共享经济引发的各类社会治理问题已经被全社会广泛关注，成为理论研究者和政策制定者们亟待回应的重要问题。众多学者们从行政学和社会治理等方面开展了研究，提出如何对共享经济进行规制以及促进协同监管的相关建议。但是，不少研究局限于政府监管的研究视角等问题，忽视了社会公众在参与共享经济合作监管中的重要作用。公众是协同合作治理的基本力量，在共享经济多元协同监管中发挥着基础性的支撑作用。在当前关于公众参与监管治理的相关研究中，主要是将社会公众定位于政府监管的配合者，从而忽视了公众在合作治理中的主动性和基础性作用。同时，这些研究重点关注消费者参与共享经济影响因素和价值共创行为，缺乏对调动公众参与合作监管积极性和主动性的研究。因此，从公众参与视角探讨构建共享经济协同治理模式、发挥公众在协同治理中的积极性需要专家学者们进一步探索分析。

第三，从对共享经济的研究方法来看，目前主要以定性讨论为主，采取了案例、访谈、实证等多种研究方法。虽然理论分析较多，但是定量研究成果相对不足，不利于共享经济研究的深入探索。另外，在部分关于共享经济的实证研究中，主要是消费者参与共享经济影响因素的研究。例如，杨晓燕等人通过实验研究，指出情感依恋会妨碍消费者选择协同消费的物品处置方式。① 而对于如何调动社会公众参与合作监管方面的实证研究较为缺乏。未来需要结合质性和定量研究方法，对理论成果进行检验，从而提出更有效的实践方案和操作建议。

① 杨晓燕、邓珏坤：《情感依恋对消费者参与协同消费的影响方式——基于产品处置的视角》，《消费经济》2014 年第 5 期。

第三章

我国共享经济协同监管
与治理的现状分析与评价

共享单车是交通出行领域中典型的具有共享经济属性的商业项目，由于其复杂的经济关系，引发了政府监管问题，需要政府、企业和公众共同参与到多元合作共治的实践之中。本章基于共享单车的案例，探讨我国共享经济监管过程中涉及的多元主体以及协同治理的变迁过程。在此基础上，通过博弈分析证明公众参与监管，对促进单车企业自觉遵守运营管理服务规范与提升政府监管效能都具有重要作用。

第一节　我国共享单车协同监管与治理的过程分析

一、我国共享单车行业发展的背景概述

互联网租赁自行车（又称"共享单车"）是互联网和租赁自行车融合发展的新型服务模式。2007 年，我国开始引进国外公共自行车模式，此时城市中的公共自行车多为有桩自行车。2016 年以后，随着 Ofo 小黄

车和摩拜单车在城市街道的投放，开启了无桩共享单车的时代。在短短一年时间里来，先后产生了 ofo 小黄车、摩拜单车、永安行、小鸣单车、小蓝单车、hellobike、酷骑单车、1 步单车等 74 个品牌。2017 年，共享单车融资额达到 258 亿，用户规模达到 2.2 亿人。① 共享单车业务覆盖了全国半数以上省份，并顺利出口到新加坡、英国、法国、意大利、美国等海外市场。2022 年，共享单车日均订单约 3000 万单，共享电动车日均订单约 2000 万单，共享出行市场交易量为 2012 亿元。② 共享单车有效解决了交通出行的"最后一公里"难题，满足了公众短途出行需要，而且在推动绿色出行、构建慢行交通体系等方面发挥了重要作用。2016 年至 2017 年下半年，共享单车行业成为投资和创业者公认的行业"风口"。从项目"兴起"到行业"洗牌"的时间越来越短，资本在其中发挥的作用越来越大。在这一过程中有两个不同阶段。在"上半场"，共享单车经历了从兴起到差异化竞争再到疯狂融资制造需求的快速发展过程。进入"下半场"，共享单车"巨头"纷纷入场，用户出现审美疲劳导致增长天花板出现，加之同质化竞争和政策干预，使共享单车行业进入理性期发展期，出现大量单车品牌破产或合并的重新"洗牌"现象。在此过程中，产生了车辆乱停乱放阻碍交通、企业盲目投放车辆抢占市场、挪用用户押金投入日常运营引发押金危机、大量企业破产造成公共资源浪费等问题。2017 年 8 月，交通部等十部委联合发布了《关于鼓励和规范互联网租赁自行车发展的指导意见》（以下简称《指导意见》），提出坚持多方共治原则，依靠政府、企业、社会组织和公众的共同治理来规范共享单车的发展。

共享单车是由企业提供的公共服务项目，是对公众出行需求的积极

---

① 国家信息中心信息化研究部、中国互联网协会分享经济工作委员会：《中国分享经济发展报告 2020》，国家信息中心，2020 年 3 月 9 日。

② 北方工业大学、中国汽车技术研究中心战略与政策研究中心：《共享经济蓝皮书——中国共享出行发展报告（2022—2023）》，社会科学文献出版社，2023，第 1-2 页。

回应。共享单车利用互联网平台实现了所有权和使用权的分离，使传统监管体系难以对新业态进行有效监管。当前，众多专家学者们就如何实现共享单车的协同治理提出了众多建议。例如，宋雄伟提出对共享单车的治理必须坚持协同治理的新治理逻辑。[①] 岳宇君和胡汉辉提出要构建"政府—运营商—用户"间的协同治理框架，强调政府必须创新规制、企业要自觉进行自我规制以及公众要培育共享理念等。[②] 本研究在借鉴爱默生（Emerson）等提出的融合性的协作治理分析框架以及中国学者邓念国提出的协作治理框架的基础上，从参与者结构、制度平台、动力机制、相互作用类型、共同愿景等角度考察了我国共享单车的协同监管治理过程，并对各要素在不同发展阶段呈现出的不同特点和组合状况进行了分析。[③] 这有助于发现当前我国协同治理中存在的问题，总结共享经济监管中取得的有益经验，从而推动构建多元协同的监管治理模式。

二、我国共享单车协同监管与治理的变迁过程

本研究认为，我国共享单车协同治理的过程分为三个阶段，即协同治理的积极探索阶段、协同治理的整改阶段、协同治理的审慎合作阶段。

第一，协同治理的积极探索阶段。共享单车产生的初衷，是通过自行车的共享实现方便、高效、环保的绿色出行，在解决居民短途出行难题的同时，促进环境保护和城市交通的发展，"让城市更美好"。这与我国绿色发展理念以及各大城市低碳环保的要求不谋而合。因此，这一新商业模式受到政府的支持鼓励以及社会公众的欢迎。2016 年 6 月，摩拜单车与上海杨浦区政府开展战略合作，政府在辖区内各地铁站点、公交

---

① 宋雄伟：《城市共享单车的协商治理逻辑》，《中国青年社会科学》2017 年第 5 期。

② 岳宇君、胡汉辉：《城市共享单车治理问题的多理论视角解析》，《当代经济管理》2019 年第 7 期。

③ Emerson K, Nabatchi T and Balogh S, "An integrative framework for collaborative governance", *Journal of Public Administration Research and Theory*, Vol. 22, No. 1, 2012. 邓念国：《公共服务提供中的协作治理：一个研究框架》，《社会科学辑刊》2013 年第 1 期。

站点、居民区、商业区、公共服务区等周边区域划设自行车停车位，企业提供单车运营服务，共同打造创新城市共享单车应用生态。2017 年 2 月，ofo 小黄车在武汉东湖新技术开发区设立全国共享服务中心，对当地开放城市出行大数据，为道路规划、城市建设提供决策支持。地方政府通过政策扶持、互助共建、完善基础设施等形式提供了积极支持，包括设立无桩智能共享单车示范点、共建全国示范性共享单车精细化运营体系。① 此外，面对众多乱停乱放、偷窃、破坏共享单车的不良行为，社会中自发产生了被称为"单车猎人"的志愿者群体，主动清理占道和堆积的共享单车，举报破坏、损毁、私锁单车行为，补写缺失的单车序号，主动清理车筐牛皮癣等，用个人的力量维护公共利益，帮助城市共享单车更好地发展。

在此探索阶段，ofo 小黄车、摩拜单车等最早进入城市运营的共享单车企业为获取全社会对共享单车的认同与支持，积极与各地政府、科研机构以及公众进行沟通交流，建设合作管理机制，成为早期协同合作治理的主导者。在构建低碳绿色交通出行体系，让城市更美好的共同愿景下，共享单车企业通过多方合作论坛、品牌发布会、签署战略合作协议、线上沟通交流等方式，与政府、科研机构、用户群体等形成了良好的互动关系，协同治理格局的雏形初步形成。

第二，协同治理的整改阶段。随着各地政府、公众的支持以及部分企业的有益尝试，大量风险资本迅速涌入该行业，在全国各地催生出大量单车品牌。据国家信息中心发布的《中国分享经济发展年度报告（2018）》显示，2017 年我国曾产生 74 个单车品牌，融资额达到 258 亿元，用户规模达到 2.2 亿人。② 由于各共享单车企业不顾城市容量、盲目大量投放而引发了"单车围城"，政府部门迅速调整政策进行管控。例

---

① 《ofo 全国共享服务中心落户光谷武汉将新增 10 万辆小黄车》，湖北日报，http：//news.
cnhubei. com/xw/wuhan/201702/t3791769. shtml。

② 许金凤、樊俐均、马依：《卷入的消费者——以摩族猎人为例》，《中国青年研究》2018 第 3 期。

如，2017年8月，北京、上海等地纷纷颁布"禁投令"，严格限制各地区单车数量，对违规投放和维护管理不到位的企业进行"约谈"，并要求限期整改。各地政府也出台相关管理规定，对共享单车进行管理。ofo小黄车以及摩拜单车等企业面对激烈竞争，不得不调整企业经营策略，依靠扩大融资和加强用户补贴，以期在"混战"中维护市场份额。但是，社会公众逐渐丧失了对该行业的信心，质疑共享单车为"企业圈钱的工具"。众多新兴单车品牌的破产倒闭及押金难退等问题的集中爆发，则进一步破坏了人们对共享单车行业的信任。

大量共享单车企业的出现以及风险资本的涌入，使得这些企业将构建协同合作治理体系的长远目标，转变为扩大市场占有率以提高企业竞争能力的短期目标。这使得企业战略与政府、公众的价值目标发生严重错位，导致协同监管治理格局破裂。

第三，协同治理的审慎合作阶段。随着风险资本的逐步退出，以及大量中小型共享单车企业破产倒闭，共享单车行业野蛮扩张阶段宣告结束，行业逐步进入规范发展时期。中国交通运输部颁布的《指导意见》肯定了共享单车在解决居民短途出行"最后一公里"难题以及推动绿色出行中的重要作用，但是也对共享单车企业提出了一系列规范发展要求。各城市也根据自身情况制定不同的实施细则，在坚持固定单车投放量的基础上逐步探索出多样化的监管治理对策。例如，北京市坚持信息化监管思路，积极推进信息化监管平台，在城市中规划白色停车区域，引进电子围栏技术，对停车行为采取正负两个清单的管理方案。上海市充分调动社会力量，坚持疏堵结合的综合治理理念，既引导市民将单车自觉停放于规划停放区，也组织志愿服务队伍对违规投放、单车堆积的区域进行清理维护。南京市对共享单车实施上牌管理并配合建设备案平台，要求车辆编码、蓝牙编码和备案编码统一，从而对城市单车投放数量进行有效管理。成都等城市将企业的运营服务质量与车辆投放指标挂钩，对共享单车服务质量信誉进行严格考核，为共享单车秩序规范的形成提供了新思路。经历"洗牌期"的共享单车企业，逐步形成了以美团（摩拜）单车、哈啰单车、青桔单车为主体的竞争格局。各企业从"拼资本"阶段进入"拼运营管理"的新阶段，开始注重单车的调度管理与维护，自觉按照政府的规范开展运营工作。此外，共享单车企业也开始探索使用电子围栏、信用积分等新技术和新制度来引导用户行为，进一步加强同用户群体的联系。但是，由于公众对共享单车行业前景以及公共价值的有所质疑，很多人逐渐失去了参与协同治理的积极性。行业协会和相关的志愿组织发展缓慢，对整个协同合作监管治理影响有限。

在此阶段，共享单车逐步从"野蛮生长"转向良性竞争发展，并且逐步回归到为公众提供优质、便捷出行服务的价值导向。政府开始探索智能化、多样化的科学管理模式，共享单车的监管治理进入审慎合作阶段。政府在承担起为企业提供必要的基础设施和停放空间等责任的同时，也要求企业做好运营管理服务工作。此外，政府通过与企业共建信息共享机制和社会信用机制以引导公众积极参与到合作共治中来。然而，公众自我约束能力不足以及缺乏主动参与监管的意愿，导致企业管理共享单车的成本持续上升，在一定程度上阻碍了我国协同监管治理体系的构建和发展。

三、对我国共享单车协同监管治理实践的反思

通过考察我国共享单车协同治理的变迁过程可以发现，坚持多元协同共治是对共享单车进行监管治理的基本。但是，随着风险资本为代表的各利益主体的盲目涌入，导致企业的价值目标与政府、社会的要求发生错位，使协同治理进程受阻。在此过程中可以发现如下特点：

第一，多元协同、合作监管治理是未来对共享经济进行规制的必然

趋势。① 共享经济实现了所有权和使用权的分离，导致传统的政府监管模式难以有效发挥作用。在对共享经济的监管中，政府监管作用必须依靠企业平台对用户进行规范引导，这需要企业承担起运营管理服务责任。用户或者社会公众通过给企业反馈信息来配合企业的管理，或者通过向政府投诉的方式监管企业违规行为。因此，政府、企业和公众成为参与共享经济活动的主要利益相关者。这三者相互影响、相互制约、缺一不可，并且与媒体、社会组织等共同构建起多元协同的现代监管治理体系。

第二，当前我国协同监管治理实践处于起步阶段。对共享经济的监管涉及政府、企业和社会等多元主体。政府和企业虽然重新开始合作监管的新探索，但是始终未构建起规范有效的沟通交流体制和机制。同时共享单车企业始终难以找到有效的盈利模式，以及社会公众的共同生产者角色始终被忽视，这些都阻碍了协同监管治理体系的构建。

第三，社会公众的作用尚未得到重视与发挥。企业和政府在对共享单车进行监管的过程中，先后充当了不同阶段协同治理的主导者角色，社会公众在协同合作治理中的角色始终被忽视，多元协同合作在实践中往往被简化为政府与企业间的二元监管模式。② 通过本研究前期的访谈和问卷调查发现，由于缺乏政府或者企业的引导协助，大部分用户只能做到骑行规范，难以真正与企业或政府进行沟通协作，深入参与到共享单车的监管维护活动中。共享单车企业将公众作为纯粹使用者看待，希望通过新技术和制度来规范用户行为，忽视了公众作为共享经济的共同生产者的角色。政府则运用传统的监管思维和模式，对共享单车企业进行监管，忽视了公众的现实需求。在对共享经济进行监管治理中，政府、企业以及社会公众均是不可忽视的利益相关者，失去社会公众的参与必然引起企业维护调度成本的大幅上涨，降低政府的监管绩效，最终难以

① 于凤霞：《共享经济：从政府监管走向协同治理》，《环境经济》2018 年第 17 期。
② 周楠：《城市共享单车协同治理体系构建——基于协同学理论视角》，《改革与战略》2019 年第 7 期。

真正建立多元协同监管治理体系。因此，要重视社会公众作为共享经济中的共同生产者的角色，创建相应平台和渠道，逐渐引导公众参与到共享经济的共建共治共享中来，最终实现协同监管治理。

第二节　共享单车监管过程中政府、企业和社会公众三方博弈分析

面对我国共享单车协同监管的问题，本研究基于利益相关者视角，构建共享单车协同监管治理的博弈模型，探讨政府、共享单车企业、社会公众三方博弈的角色地位、动机与策略选择，以期为破解共享单车协同治理难题提供思路。

一、模型的描述与假设

1. 博弈主体分析

促进共享单车规范发展中的监管博弈主体主要包括政府、共享单车企业以及社会公众，各主体的目标函数即目的不同。政府部门为了维护城市交通环境的良性发展，满足公众的交通出行需求，要求共享单车企业按规定有序运营、投放以及管理共享单车，以避免交通秩序的混乱。共享单车企业为公众提供单车或助力车服务以解决短途出行"最后一公里"难题，通过合法规范经营获取收益。企业希望获得政府的支持与认可，并尽可能获得更多的用户群体。社会公众是共享单车的消费者，既能享受到共享单车提供的服务以方便自身出行，也会因为企业不规范经营而遭受损失，例如押金难退的问题等。社会公众出于对自身利益以及维护社会公共秩序等的考虑，有可能参与到合作监管中以维护共享单车

的有序规范发展，促进城市交通环境的改善。① 基于此，各方的博弈关系
见图 3-1 所示。

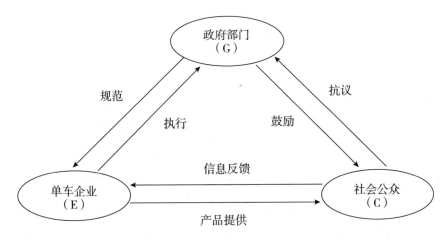

图 3-1　政府部门、单车企业和社会公众间关系模型

2. 模型假设与参数设置

假设 1：共享单车监管博弈的参与者由三方构成，分别是共享单车企
业、政府部门和社会公众。

假设 2：博弈三方均为有限理性经济人，都能够了解博弈的结构和自
己的收益或者支付，都以追求自身利益最大化为目标。

假设 3：单车企业、政府部门和社会公众各方同时行动，且各方对其
他方的真实行动是未知的。

共享单车企业为了获取用户的满意和政府的支持，不断完善运营管
理机制，以实现企业的健康发展。企业有自觉遵守和违反共享单车运营
管理服务规范两个可选择的策略。假定共享单车企业不遵守运营管理服
务规范，不断扩大单车的市场投放，从而获得市场份额和用户群体，因
此获得的收益为 A（A>0）。同时，共享单车企业如果不遵守运营管理服

① 陈红喜、陈晓歌、郝世甲等：《绿色经济背景下共享单车治理困境与路径选择》，《南京工业大
学学报（社会科学版）》2019 年第 4 期。肖倩、林孔团：《共享单车规范发展的演化博弈分
析——基于利益相关者视角》，《西南交通大学学报（社会科学版）》2018 年第 3 期。

务规范，继续做出盲目投放单车等违规行为，假如政府交通管理部门选择进行监管并且会立即发现单车企业的违规行为，此时企业会受到限期整改、禁止投放和停业整顿等处罚为 F（F>0）。此时，企业违反运营管理服务规范的概率为 P（0≤P≤1），则遵守规范运营加强自身监管的概率为 1-P。

政府部门为了维持城市交通的健康有序发展，满足人们的出行需求，必须对共享单车企业进行监管。政府部门有两种可选择的策略：监管和不监管。一般来说，假设政府部门在交管方面的执法预算经费为 U（U>0），对共享单车企业的违反运营管理服务规范行为进行监管需要支付监管检查成本 H（H>0）。此时如果共享单车企业不遵守规范运营规则，会造成城市环境交通环境的破坏，进而增加政府部门额外的交通环境治理费用（补救成本）B（B>0）。此时，假定政府部门进行监管的概率为 Q（0≤Q≤1），不进行监管的概率则为 1-Q。

社会公众作为潜在消费者，出于骑行便利等考虑，可能会通过向企业反馈信息或向政府抗议等方式选择主动参与合作监管，也可能会保持沉默不参与监管。若企业违反运营管理服务规范，其损失为 T（T>0），包括企业信誉形象、股价等的损失；若政府部门不积极履行监管职责则会对自身形象产生负面影响，受到损失为 D（D>0），包括政府在社会中公信力、权威性的下降。同时，假定政府部门选择不积极履行监管职能，若企业违反运营管理服务规范的行为被曝光，且企业被政府追责尚需要固定的时间段进行调查，此时政府尚未对共享单车企业进行处罚。在这样的情形下，假设公众选择合作参与的概率为 W（0≤W≤1），公众选择不参与合作监管的概率为 1-W。相关参数含义如表 3-1 所示：

表 3-1　相关参数设置及其含义

博弈方	参数	策略指标解释
单车企业涉及的参数	A	共享单车企业违反运营管理服务规范的收益
	F	共享单车企业违反运营管理服务规范受到行政处罚
	P	共享单车企业违反运营管理服务规范的概率
政府部门涉及的参数	U	政府部门进行监管执法的预算经费
	H	政府部门进行监管检查付出的成本
	B	政府部门因放松监管导致交通环境破坏所需付出的补救成本
	Q	政府部门进行监管的概率
社会公众涉及的参数	T	单车企业违反运营管理服务规范行为在社会公众中产生的负面影响及相应损失（如企业信誉形象、股价）
	D	政府部门不积极履行监管职责在社会公众中产生的负面影响及相应损失（如政府公信力）
	W	社会公众通过反馈等方式参与监管的概率

二、政府部门和共享单车企业的监管博弈模型分析

对共享单车的监管需要多元主体的协同参与，为了便于对共享单车企业的合作监管机制进行研究，本研究先对政府以传统方式对企业进行监管的情形进行了分析，即将政府部门和共享单车企业两方作为局人，制定博弈规则（见表 3-2）。根据纳什均衡的存在性定理可知，该监管博弈必定存在混合策略纳什均衡。因此在政府以传统方式监管企业的模型中，我们进一步分析了政府和企业两方的博弈过程，并求解其纳什均衡。

表3-2 政府部门和共享单车企业双方监管博弈的收益矩阵

共享单车企业策略选择	政府部门	
	监管	放松监管
违背运营管理服务规范	A−F，U+F−H−B	A，U−B
遵守运营管理服务规范	0，U−C	0，U

政府部门选择监管策略。如果共享单车企业不遵守运营管理服务规范，则政府部门的收益为监管执法预算经费和对企业的违规罚款减去监管检查成本及额外城市环境治理补救成本，即U+F−H−B。这种情况下，共享单车企业虽然要被罚款，但可以节约运营成本，甚至可能扩大市场份额和获取更多的用户群体，其收益为A−F。倘若企业自觉加强监管，遵守运营管理服务规范，则政府部门的收益为监管执法预算经费减去监管检查成本，即U−H。在这种情形下，共享单车企业遵守运营管理服务规范就会失去扩大市场份额等收益，收益为0。

政府部门选择放松监管策略。如果共享单车企业不遵守运营管理服务规范，则政府部门的收益为监管执法预算经费减去额外的城市治理补救成本，即U−B。此时由于共享单车企业违规行为没有被发现，其收益为A。假如共享单车企业遵守运营管理服务规范，那么政府部门的收益为监管执法预算经费U，企业的收益为0。

根据以上支付收益矩阵可知，U+F−H−B > U−B，即共享单车企业违反运营管理服务规范时，政府部门监管所得的收益必然大于不监管所得的收益，才能让政府产生积极监管的动力。B>A，即企业违规给政府部门带来的城市治理补救成本B必然大于企业的违规收益A，换言之政府城市治理的代价必然高于企业破坏带来的收益。F>A，即政府对共享单车企业违规行为的处罚必须大于其违规获得的收益，以激励共享单车企业自觉采取遵从运营管理服务规范行为。

通过政府部门和共享单车企业双方的博弈分析可得，政府部门监管与放松监管的预期收益分别为：

$$R_1 = P(U + F - H - B) + (1 - P)(U - H) \tag{1}$$

$$R_2 = P(U - B) + (1 - P)U \tag{2}$$

当政府部门监管与放松监管的预期收益相等，即 $R_1 = R_2$ 时，求解得：

$$P = \frac{H}{F}$$

同理，企业违反运营管理服务规范与遵守规范的预期收益分别为：

$$R_3 = Q(A - F) + (1 - Q)A \tag{3}$$

$$R_4 = Q \times 0 + (1 - Q) \times 0 \tag{4}$$

当企业违规与遵守规范的预期收益相等，即 $R_3 = R_4$ 时，求解得：

$$Q = \frac{A}{F}$$

因此，在综合考虑各项收益与损失基础上，共享单车企业为了使收益最大化，会以概率分布（ $\frac{H}{F}$, $1 - \frac{H}{F}$ ）选择遵守或违反运营管理服务规范，政府部门以概率分布（ $\frac{A}{F}$, $1 - \frac{A}{F}$ ）选择积极对共享单车企业进行监管与否，所以（ $\frac{H}{F}$, $\frac{A}{F}$ ）是该监管博弈的混合策略纳什均衡解。

基于以上分析可得，共享单车企业的决策主要取决于违规与遵守规范的预期收益的比较。若 $R_3 > R_4$ 时，即 $Q < \frac{A}{F}$ ，则企业的理性选择是违规，即 P = 1；若 $R_3 < R_4$ 时，即 $Q > \frac{A}{F}$ ，则企业的理性选择是遵守规范，即 P = 0；若 $R_3 = R_4$ 相等，即 $Q = \frac{A}{F}$ ，则企业选择遵守与违反运营管理服务规范是没有实质性区别的，这时 0≤P≤1。同样，对于政府部门，若 $R_1 >$ R_2 时，即 $P > \frac{H}{F}$ ，则政府部门的理性选择是监管，即 Q = 1；若 $R_1 < R_2$ 时，

即 $P < \dfrac{H}{F}$，则政府部门的理性选择是不监管，即 $Q = 0$；若 $R_1 = R_2$ 相等，即

$P = \dfrac{H}{F}$，则政府部门选择监管与否并没有本质区别，这时 $0 \leqslant Q \leqslant 1$。

三、公众参与下的三方博弈模型分析

面对共享经济新商业模式快速发展带来的各种监管问题，构建政府、企业与社会公众等多元主体间的合作监管体系成为必然要求。公众是共享经济产生的基础，如果缺乏公众的广泛参与可能会导致共享经济变质，难以适应未来多元合作监管模式的新要求。因此，为了探讨公众参与对于合作监管的重要作用，本研究继续将公众这一行为主体加入博弈模型中，政府部门、企业和公众三方博弈的扩展式如图 3-2 所示。

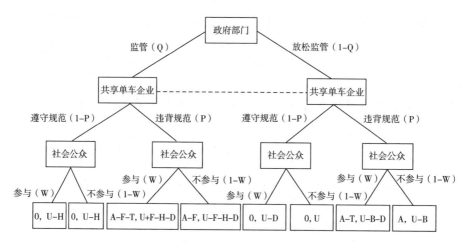

图 3-2　公众参与下的合作监管博弈树

由博弈树可知：（1）如果公众选择不参与监管活动时，政府部门和共享单车企业的决策均不会对结果产生任何影响。（2）当公众选择参与合作监管时，如果共享单车企业遵守运营管理服务规范则对结果无影响，违背规范时则会比没有公众参与的情况下多支付 T；如果政府部门对企业进行监管对结果无影响，政府不进行积极监管则会比没有公众参与的情

况下多支付 D。

因此，当公众参与共享单车协同监管的情形下，政府部门监管与放松监管的预期收益分别为：

$$R_5 = W[P(U + F - H - B) + (1 - P)(U - H) + (1 - W)] + \\ (1 - W)[P(U + F - H - B) + (1 - P)(U - H)] \tag{5}$$

$$R_6 = W[P(U - B - D) + (1 - P)(U - D)] + \\ (1 - W)(1 - W)[P(U - B) + (1 - P)U] \tag{6}$$

当政府部门监管与放松监管的预期收益相等，即 $R_5 = R_6$ 时，可解得：

$$P^* = \frac{H - WD}{F}$$

同理可得，共享单车企业违反运营管理服务规范与遵守规范的预期收益分别为：

$$R_7 = Q[W(A - F - T) + (1 - W)(A - F)] + (1 - Q) \\ [W(A - T) + (1 - W)A] \tag{7}$$

$$R_8 = Q[W \times 0 + (1 - W) \times 0] + (1 - Q)[W \times 0 + (1 - W) \times 0] \tag{8}$$

当违反运营管理服务规范与遵守规范的预期收益相等，即 $R_7 = R_8$ 时，可解得：

$$Q^* = \frac{A - WT}{F}$$

因此，当企业以 $\left(\frac{H - WD}{F}, 1 - \frac{H - WD}{F} \right)$ 的概率分布选择遵守或违背规范运营协议时，政府部门以 $\left(\frac{A - WT}{F}, 1 - \frac{A - WT}{F} \right)$ 的概率分布选择监管或放松监管，所以 $\left(\frac{H - WD}{F}, \frac{A - WT}{F} \right)$ 是公众参与下博弈模型的混合策略纳什均衡解。

当公众参与合作监管时，企业是否会选择遵守运营管理服务规范取决于遵守与违反的预期收益的比较。若 $R_7 > R_8$ 时，即 $Q < \dfrac{A - WT}{F}$，则企业的理性选择是违背运营管理服务规范，即 P = 1。若 $R_7 < R_8$ 时，即 $Q > \dfrac{A - WT}{F}$，则企业的理性选择是遵守运营管理服务规范，即 P = 0；若 $R_7 = R_8$ 相等，即 $Q = \dfrac{A - WT}{F}$，则企业选择遵守或违背运营管理服务规范是没有实质性区别的，这时 $0 \leqslant P \leqslant 1$。同理，对于政府部门，若 $R_5 > R_6$ 时，即 $P > \dfrac{H - WD}{F}$，则政府部门的理性选择是监管，即 Q = 1。若 $R_5 < R_6$ 时，即 $P < \dfrac{H - WD}{F}$，则政府部门的理性选择是放松监管，即 Q = 0；若 $R_5 = R_6$ 相等，即 $P = \dfrac{H - WD}{F}$，则政府部门选择监管与放松监管是没有实质性区别的，这时 $0 \leqslant Q \leqslant 1$。

四、公众参与下共享单车企业与政府部门的博弈空间

根据上博弈模型分析可得，共享单车企业遵守规范运营管理服务规范与违反规范运营管理服务规范的预期收益之差是共享单车企业做出理性行为决策的出发点。在公众参与协同合作监管的情形中，假设企业违背和遵守的预期收益之差为 $V1 = R_7 - R_8$。由于 $V1 = A - QF - WT$，所以当 Q = 0 时，$V1 = A - WT$。当 Q = 1 时，$V1 = A - F - WT$。同时，由模型分析可知，当 $Q < \dfrac{A - WT}{F}$ 时，企业的理性选择是违反规范运营管理服务规范，因此企业违反规范的空间为 $\left[0, \dfrac{A - WT}{F} \right)$。同理可得，在没有社会公众的参与的博弈模型中，单车企业违反运营管理服务规范的空间为 [0，

$\dfrac{A}{F}$ ），如图 3-3 所示。

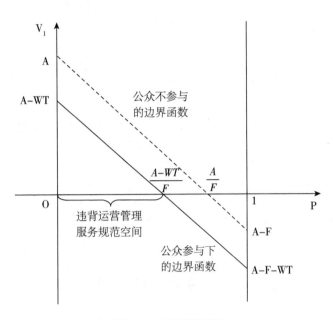

图 3-3　企业违规空间

同样，以政府部门监管与放松监管的预期收益之差作为其理性行动的出发点。在公众参与协同监管的情形中，令政府部门监管与不监管的预期收益之差为 $V_2 = R_5 - R_6$。由于 $V_2 = PF + WD - H$，所以当 $P = 0$ 时，$V_2 = WD - H$；当 $p = 1$ 时，$V_2 = F + WD - H$。同时，由模型分析可知，当 $P > \dfrac{H - WD}{F}$ 时，政府部门的理性选择是监管，因此政府部门的监管有力空间为 $\left[0, \dfrac{A - WT}{F} \right)$。同理可得，在没有公众的参与下，政府监管有力空间为 $\left(\dfrac{H}{F}, 1 \right]$，如图 3-4 所示。

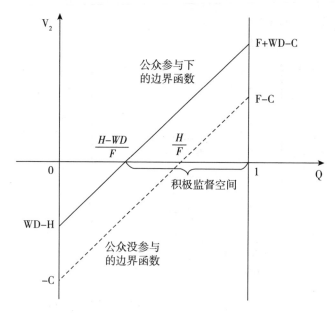

图3-4　政府的监管有力空间

第三节　结果分析与讨论

一、研究结论

本研究从共享单车企业和政府部门博弈空间的边界函数得出研究结论，以更好地说明公众参与对于促进共享单车企业遵守运营管理规范与政府积极监管中的重要作用。[①] 根据博弈空间分析结果，政府交管部门对共享单车企业运营行为监管的总体方向为，尽力减少企业违规空间并扩大政府积极监管的空间。这一结论在空间分析中表现为空间界限值无限趋近于0。而公众的积极参与对于降低企业违规和促进政府积极监管具有

---

① 张一进、张金松：《政府监管与共享单车平台之间的演化博弈》，《统计与决策》2017年第23期。徐咏梅：《基于不完全信息博弈的企业排污监管分析》，《暨南学报（哲学社会科学版）》2013年第5期。

重要作用。具体来说包括以下几点结论：

第一，公众参与对于合作监管具有重要意义。公众参与合作监管既可以缩小共享单车企业的违规空间，又可以扩大政府的监管力度空间。从企业和政府部门的博弈空间界限值可知，在公众的参与下，企业空间界限值变小，即 $\dfrac{2A-WT}{F}<\dfrac{2A}{F}$。同样，政府部门的空间界限值也变小，即 $\dfrac{H-WD}{F}<\dfrac{H}{F}$。换言之，公众的参与有助于提升政府监管效率、推动多元协同监管的实现。

第二，对于共享单车企业而言，公众参与下的违规博弈空间 $[0,\dfrac{A-WT}{F})$ 与变量 A、W、T 和 F 有关。倘若其他变量不变，随着 F 的增加，$[0,\dfrac{A-WT}{F})$ 将变小，这意味着，政府对单车企业的处罚力度越大，企业越不会轻易冒险选择违反运营管理服务规范的行为。同样，随着 W 或者 T 的增加，$[0,\dfrac{A-WT}{F})$ 也将变小，这说明，公众参与能起到抑制企业违规行为的作用。而当 A 变小时，$[0,\dfrac{A-WT}{F})$ 也会变小，表明企业违规运营的收益越小，企业违规的积极性就越低，因为此时企业没有必要冒被政府处罚的风险而造成更大的损失；反之亦然。

第三，对于政府而言，公众参与下监管有力空间 $(\dfrac{H-WD}{F},1]$ 与变量 H、W、D 和 F 有关。倘若其他变量不变，随着 F 的增加，$(\dfrac{H-WD}{F},1]$ 区间将变大。这说明，处罚力度越大，政府部门的监管就会更加有力。同样，随着 W 或者 D 的增加，$(\dfrac{H-WD}{F},1]$ 也将变大，这意味着，公众的参与可以促使政府部门更加积极地履行职责。而当 H

增加时，（ $\dfrac{H-WD}{F}$ ，1〕也会变大，说明政府监管的成本越低，共享单车企业遵守规范的积极性就也会越高。当监管成本较低时，政府就可以更频繁地对企业进行监管；反之亦然。

二、讨论与启示

对共享经济的监管需要构建多元协同的监管治理体系。这一目标的实现涉及政府交通管理部门、共享单车企业和社会公众等多元主体，加之共享经济所有权与使用权相分离的内在属性，因此需要协调好不同参与者间的利益关系。[①] 当前关于共享经济监管治理的研究，对协同监管中不同参与主体间关系的研究相对不足。尤其是公众在协同监管中发挥了什么作用、扮演着什么角色，都缺乏全面、深入的实证分析与研究。本研究通过案例与实证相结合的研究方法，从不完全信息静态博弈的角度分析了共享单车企业和政府之间的策略选择，并结合案例分析结果进一步探讨了公众参与对共享单车企业和政府部门监管行为选择的影响。研究结果发现，在协同监管治理实践中，社会公众的角色容易被忽视，多元协同合作在实践中往往被简化为政府与企业间的二元监管模式，存在公众参与不足的问题。面对现实协同监管问题，我们通过博弈分析证明了公众参与，既可以缩小共享单车企业违反运营管理服务规范空间，又可以扩大政府部门的监管力度空间。因此，社会公众应当是共享经济监管的"共同生产者"而非单纯的企业顾客。公众的积极参与是降低政府监管成本，提升政府监管效能，构建协同治理机制的必然要求。鉴于公众参与在协同监管中的角色和作用，政府部门应该为公众参与创造便捷的渠道和途径，加强相关知识的普及和宣传，不断培养公众共建共治共享的意识，积极提倡和鼓励社会公众参与对企业的监管，从而在全社会

---

① 秦铮、王钦：《分享经济演绎的三方协同机制：例证共享单车》，《改革》2017 年第 5 期。

创设协同合作监管治理的良好氛围。

同时，现有政府监管机制存在部分不足之处，需要不断提升对共享经济的监管能力，引导企业、公众等主体参与协同监管，逐步建立健全适应共享经济发展要求的监管模式。具体来说，首先要结合行业发展现状，建立强度适宜的企业违规处罚机制。虽然政府部门对共享单车企业的各种不良行为的惩罚确实能够缩小企业违规的空间，但是，过多的处罚措施也给共享单车企业带来极大的负担，不利于共享经济探索有效的盈利模式，因此，要采取回应性的监管策略。其次，政府要鼓励和支持企业创新体制机制，逐步减少违规行为，构建行业自律监管体系。以共享单车为代表的共享经济正处于起步阶段，尚未探索到适当的盈利与经营模式，过高的管理服务成本会使得企业难以承受。政府部门应坚持包容审慎的原则，给予共享经济企业一定的政策支持或者容错空间，促使其不断完善自身机制体制，自觉减少违规行为并逐步融入政府监管体系。

第四章

公众参与共享单车管理服务
生产的影响因素

社会公众参与公共事务合作监管是共同生产的基本内涵，也是未来实现共享经济协同治理的必然要求。本研究基于共享单车的案例背景，通过田野调查和理论分析，提出影响社会公众参与共享单车服务合作监管的因素，并根据现有相关理论构建驱动机理。

一、案例背景和基本问题

共享单车作为一种由市场提供的公共服务，是对公众多样化出行需求的积极回应。共享单车解决了人们出行"最后一公里"的难题，成为城市慢行交通的重要工具。共享单车具有产权分离的特征，这使以产权为基础建立的政府监管模式难以有效发挥作用。此外，不断膨胀的共享单车的供给量给市容市貌以及交通秩序带来了巨大压力，产生了许多负外部性问题，进一步加剧了对政府共享单车企业的监管困难。因此，需要构建政府、企业和社会公众合作监管治理的体制机制。

公众不仅是共享单车服务的潜在顾客，更是参与城市治理和创造公共价值的重要角色。在城市公共服务系统中，政府、企业和社会公众是相互依存、相互作用的。如果社会公众拒绝遵守共享单车服务规定，乱停乱放、私占甚至破坏共享单车就会给企业带来巨大的管理调度成本，进而影响到城市交通服务的供给效率。因此，社会公众自觉遵从服务规范及积极参与监管治理，是提升共享单车服务管理成效的重要因素。

共同生产是指公共服务供给中公众和公共部门专业人员的共同参与，其核心在于如何促进公众参与到公共服务供给中，与管理者共同创造公共价值。① 这一理论被广泛运用于养老、医疗健康、社区安全、垃圾分类等众多领域。在共享单车的服务管理中，管理者正是期望人们能够按照共享单车的使用规范调整自己的行为模式，文明骑行、规范停放以及主动参与到共享单车的监督管理中，从而与企业、政府共同创造公共价值。共享单车的直接管理者虽然是企业，但是由于共享单车的准公共服务属性，且逐渐融入城市交通服务体系之中，公众按照使用规范进行自主控制和调整以创造公用价值的行为也可以被视作共同生产。② 换言之，社会公众参与共享单车服务的合作监管构成了城市慢行交通共同生产的基本内涵。对共享经济产业的协同监管与合作治理必须充分调动公众参与共同生产的积极性，才能有效减轻政府在监管服务中的财政负担，提升监管服务效能，在此基础上逐步构建起对新业态的多元合作监管治理体系，打造针对共享经济的共建共治共享格局。③

二、研究总体策略与思路

本研究采用质性与定量相结合的混合研究方法，探讨公众参与共享单

---

① 顾丽梅、张云翔：《共同生产视角下的城市共享单车服务治理——基于上海市案例的混合方法研究》，《公共管理学报》2019 年第 1 期。

② Whitaker G P, "Coproduction: Citizen participation in service delivery", *Public Administration Review*, Vol. 40, No. 3, 1980.

③ Shi J G, Si H Y, Wu G D, et al. "Critical factors to achieve dockless bike-sharing sustainability in China: A stakeholder-oriented network perspective", *Sustainability*, Vol. 10, No. 6, 2018. 徐琳、谷世飞：《公民参与视角下的中国国家治理能力现代化》，《新疆师范大学学报（哲学社会科学版）》2014 年第 4 期。

车服务共同生产的影响因素和作用机理。混合研究方法（mixed methods research, MMR）是基于社会研究具有多面向的、多层次的和多视角等特点而提出的，综合运用定性方法与定量方法的研究类型。[①] 这种方法论将实证与建构两种研究范式相互集合，有助于克服单纯使用定量研究导致研究深度不足以及质性方法所固有的代表性不强等内生问题，最大化地实现研究目的。[②] 相对于单一的质性或定量研究方法，将混合研究方法运用于本研究中，既有利于从访谈资料中提炼影响公众参与共享单车服务共同生产行为的因素，也能够进一步分析这些因素如何影响个人实际行为意愿，以便更好地解释共享单车服务中社会公众共同生产行为的形成机理。

本研究的具体研究思路如下：首先，采用"扎根理论"策略提炼影响公众参与共享单车监管活动共同生产的影响因素。然后，基于质性研究结果归纳出驱动公众参与共享单车管理服务共同生产的影响因素模型，再依据已有文献和经验研究对影响公众共同生产行为的因素模型进行扩展，从而构建出本研究的理论假说。再次，采用层次回归方法等进一步检验不同因素对公众共同生产行为的影响效应及驱动机理。最后，对质性和量化研究结果进行分析讨论，进一步拓展共同生产和协同治理理论。

三、质性研究设计：基于"扎根理论"

本研究主要采用"扎根理论"来探索影响公众参与共享单车管理服务共同生产行为的因素内容与维度结构，即通过对资料的归纳与演绎发展理论。1967 年格拉斯（Glasser）和斯特劳斯（Strauss）共同提出的扎根理论，是质化研究领域最具影响力和应用最为广泛的研究范式。[③] 它不

---

① ［美］阿巴斯·塔沙克里、［美］查尔斯·特德莱：《混合方法论：定性方法和定量方法的结合》，重庆大学出版社，2018，第 135 页。

② 唐世平：《超越定性与定量之争》，《公共行政评论》2015 年第 4 期。

③ Glasser B G and Strauss A L, *The discovery of grounded theory: Strategies for qualitative research*, New York: Aldine Publishing Company, 1967, p. 56.

仅能够用于对先验理论的验证，还能在资料分析过程中逐步建构理论。[①]具体而言，扎根理论通过对原始定性资料进行系统分析和归纳，使之概念化和范畴化，然后通过持续比较、进一步浓缩，在各个概念和范畴要素之间建立联系，最终形成理论框架。[②] 在实际操作中，本研究按照建构式扎根法对文本资料进行开放式编码、主轴编码和选择性编码来抽取素材中所隐藏的本质性理念和命题，从而建构出公众共同生产行为的驱动机理。此外，采用持续比较的分析思路，不断引入新的原始资料去提炼和丰富现有理论，直到理论饱和，即新获取的资料不再对理论建构有新贡献。

本研究主要通过访谈的形式收集资料。具体来说，我们按照分析框架和概念发展的要求进行理论抽样，从代表性城市的当地居民、共享单车企业管理人员和相关政府部门负责人以及经常骑行共享单车的用户群体中选择访谈对象，并根据理论饱和原则来确定具体的访谈人数。当被访谈者不再提供新的重要信息时停止样本的抽取。课题组成员选择在天津和太原两个城市开展调研工作，大体分三个时间段进行。从 2017 年 11 月开始，我们采用面对面以及网络访谈相结合的方式陆续与 58 位访谈对象进行了交流。其中，包括共享单车志愿者 20 人、共享单车企业管理人员 7 人，政府相关管理部门工作人员 6 人，以及共享单车深度骑行用户 25 人。为了确保访谈对象不偏离访谈主题和提升访谈效率，每次访谈时间为 30 分钟至 1 小时。访谈主要内容包括原因、影响因素、问题以及相关建议等几个方面（具体见附录 A）。例如，对于"单车猎人"志愿者，我们主要询问其参与该活动的动机、参与情况、存在问题以及相应的对策建议。具体受访者基本信息及访谈情况见表 4-1。

---

① 范明林、吴军主编《质性研究》，格致出版社，2009，第 232 页。
② 杨冉冉、龙如银：《基于扎根理论的城市居民绿色出行行为影响因素理论模型探讨》，《武汉大学学报（哲学社会科学版）》2014 年第 5 期。

表 4-1 访谈基本信息

访谈对象（编号）	访谈形式	次数	访谈时间	访谈持续时间	访谈内容
1. 天津市南开区某社区志愿者团体 A1-A5	面对面访谈/半结构访谈	1 次	2017. 11	0.5—1 小时	参加志愿活动的原因、影响因素及建议等
2. "单车猎人"志愿者团体 A6-A11	线上/焦点团体访谈	1 次	2018. 5	1 小时	
3. "单车猎人"志愿者张女士等 4 人 A12-A15 4. 太原市某社区志愿者 5 人 A16-A20	线上/半结构访谈 线上/半结构访谈	2 次 1 次	2018.5—2018.7 2020.5—2020.6	0.5—1 小时 0.5—1 小时	
1. 哈啰单车调度员 B1、B2、B3	面对面/半结构访谈	1 次	2018.8	0.5—1 小时	公众骑行共享单车现状、问题、如何鼓励公众文明骑行和参与管理的措施
2. 摩拜单车调度员 B4、B5	面对面/半结构访谈	1 次	2018.8	0.5—1 小时	
3. 摩拜单车天津地区负责人 B6 4. 哈啰单车太原地区负责人 B7	面对面/半结构访谈 线上/半结构访谈	1 次 1 次	2018.8 2020.5	0.5 小时 0.5—1 小时	
1. 天津市南开区综合执法局工作人员 C1	面对面/半结构访谈	1 次	2018.9	0.5—1 小时	共享单车引发的治理问题、原因及协同监管治理措施
2. 天津市河北区综合执法局工作人员 C2	线上/半结构访谈	1 次	2018.9	0.5—1 小时	
3. 太原市鼓楼街道办工作人员 C3、C4 4. 太原市交通运输局工作人员 C5、C6	面对面/半结构访谈 线上/半结构访谈	1 次 1 次	2018.8 2020.5	0.5—1 小时 0.5—1 小时	
1. 共享单车用户等 D1-D25	面对面/半结构访谈	1 次	2018.5—2018.7	1—1.5 小时	参与共享单车监管维护的影响因素、障碍、建议等

为了确保收集到的访谈资料严谨和有效，访谈工作由研究者单独完成。但是，对于访谈资料的初步整理和汇总工作由其他 4 位接受过专业训练的研究生完成。访谈开始前，我们首先介绍了访谈的目的，并询问被访谈者是否同意全程录音。然后根据访谈提纲开展访谈，访谈结束后由专人对录音进行整理，并撰写访谈记录。对于网络在线访谈，调研小组成员将聊天记录截图进行保留，并根据在线资料进行汇总。经过系统梳理，最终形成 58 份访谈记录（编号记为 A1—A58），随机挑选 39 份访谈记录进行扎根编码分析，剩余 19 份访谈记录用于饱和度检验。①

四、基于扎根理论的分析过程

1. 开放式编码

开放式编码也称为开放式登录或一级编码，是对原始资料中有意义的语句单位（可以是词语、句子或语段）进行逐字逐句的编码，通过给予概念化标签、持续比较和逐级登录等方式形成初始概念（设码），然后根据概念间的相关性和差异性，形成范畴（类属）的过程。本书采用文本分析软件 Nvivo 11.0 进行文本的编辑、编码和统计分析。为了深入挖掘公众在共享单车服务中共同生产行为的影响因素，我们排除了与访谈目的不相关的内容，并将过于简单或重复的回答语句保留 1 次记录。例如，"欢迎你们来我处指导工作""共享单车项目很好"等。最终，获得82 条原始语句以及相应的初始概念。由于初始概念层次较低，且存在一定的交叉，本研究仅选择出现频次在三次以上的初始概念进行范畴化。最终得到 696 条原始语句、35 个初始概念和 9 个范畴，范畴化的结果即为公众参与共享单车服务合作生产的相关影响因素。为了更直观反映概

---

① 按照访谈对象的身份和访谈方式进行编码和分类。如对"单车猎人"志愿者 1 的半结构访谈为 A1；对单车企业工作人员 1 的半结构访谈为 B1；对政府工作人员 1 的半结构访谈为 C1；对文明骑行用户 1 的半结构访谈为 D1。面对面访谈为 E，通过网上访谈（通过 QQ、微信等）为 F。如对志愿者 1 面对面访谈为 A1E。

念化和范畴化过程，选择每个范畴中有代表性的原始记录语句和初始概念予以呈现（见表4-2）。

表4-2 开放式编码及范畴化（部分）

范畴	编号	原始语句（初始概念）
物质激励	B5E	不文明骑行行为会从整体上会降低单车的运转效率，增加使用的时间成本和经济成本，并分摊在每个人身上。只有文明骑行才能给每个人带来最大的便利，获得更好的骑行体验。（物质奖励）
	A3F	遇到有人给单车上私锁、破坏单车，我们会通过APP上报企业，让调度员来剪断私锁，限制其继续使用。（物质制裁）
	C1E	我们会对骑车逆行、闯红灯等违规行为进行罚款。（物质制裁）
	D1E	共享单车是一种方便快捷、低碳环保的出行方式，既能锻炼身体，又能减轻城市交通压力，解决了短途出行"最后一公里"难题。（物质奖励）
	D2E	乱停乱放自行车可能会被扣分，影响个人信用。不按规定停车或将单车骑出规定停放区域，会被增收"调度费"。（物质处罚）
精神激励	A2F	当人们着急用车的时候能及时找到单车，这一刻，他觉得很有成就感。（精神奖励）
	A6E	我很自豪，因为我的行为让更多的人享受到了共享单车的便利，符合我的价值观念。有人认为我们是"吃饱了撑的"，但是我知道，"单车猎人"们乐此不疲地报修，不是为了任何利益，是对契约精神和文明的共同追求。（价值观念）
	B3F	对一些典型破坏、盗窃车辆的行为，我们会与公安相关部门配合，曝光这些不良行为，逐渐培养用户的文明使用意识。（宣传教育）
	C2E	发现乱停车的用户时，我们一般是给予批评教育，让人们从心底认识到乱停车的危害，以提升市民规范停车的积极性。（批评教育）
	D6E	我喜欢摆放自行车，虽然不是我自己的。但是毕竟在我居住的小区，必须摆得整整齐齐，看着整洁、舒心。（精神奖励）

范畴	编号	原始语句（初始概念）
社交激励	C3F	这次专项治理行动声势比往常大，也是要营造出一种氛围，希望社会形成共识。因此政府企业要履职到位，市民也得努力，起码得停到合适的位置。（社会氛围）
	A5F	我们的理念是不指责、不抱怨，以行动向无序停放的共享单车发起挑战，感染带动更多的人，一起有序停放单车。（社会氛围）
	A4E	有人为了自己用着方便，省去找车时间，也有的人私藏单车，理由是"这辆车好骑"。于是你藏我也藏，楼梯间里藏了几十辆共享单车。（社会风气）
	D1F	让周围朋友看见给共享单车上私锁，甚至推回自己家里，会遭白眼，被瞧不起。（群体压力）
规范感召	B5F	我们经常收集一些志愿者的真实案例发布在 APP 中，同时也会通过微博和微信等推送文明使用共享单车的文章，以号召所有人文明骑行。（文明宣传）
	A8E	解决问题的根本还是要靠人们自身的素质，志愿者们再辛苦再宣传也抵不过人们的乱停乱放习惯。要想办法提升用户的素质，让每个人自觉文明停放和使用共享单车。（公众素质）
	C6F	南开区综合执法局召开"文明使用、规范停放"的宣传倡议活动，道路护栏悬挂大幅的宣传标语，并为过往的市民发放"骑行共享单车，请您规范停放——致天津市民的一封倡议信"，号召大家规范停放，文明骑行。（文明宣传）
	D10F	共享单车是国民素质的照妖镜。私占单车是一些人出于图方便或者占便宜的心理，我觉得要改变共享单车现状，最重要的是提高人们的思想意识，让每个人的素质都提高。（公众素质）
自我效能	D13E	我本来也想规范停车，但是去了不少地方发现，一方面是没有划出停放区域，另一方面是停放区距离太远或经常停满车，共享单车本就图个方便，现在反而越来越不方便。（规范停放设施不足）
	B4F	除了人们的素质这一重要因素外，单车投放量超过城市承载能力，"潮汐效应"以及基础设施不足也是导致人们乱停乱放的重要原因，许多人可能是不得不乱停乱放。（规范停放能力效能感）
	D12F	建国路辅路道路狭窄，车流量大，只有一小片指定停车区，想停入白色停车区都做不到。（规范停放空间效能感）

续表

范畴	编号	原始语句（初始概念）
自我效能	A14F	小区电梯口、门口，这些地方容易找到车，人们不想多走一步。（自我效能）
结果预期	A13E	我们志愿者不图钱、不图名，只希望用自己行动改变城市环境，目标是将来"无猎可打"。（结果预期）
	C3E	文明骑行、规范停放要从我们每个人自身做起，才能逐步改善骑行环境。（结果预期）
	D16F	我愿意规范停放、文明骑行，可是没素质的人太多，加之企业不负责，导致单车阻塞交通的现象越来越多，后来我也就随便停放了。（结果预期）
	D13E	乱停乱放单车的人太多，虽然我每次都按规定放好，但也改变不了乱停放的现状。（结果预期）
服务认同	A11E	共享单车给人们短途出行带来极大便利，节约时间，缓解交通拥堵，我们都应该为共享单车的健康发展贡献自己的一份力量。（服务价值）
	B4F	我们期待和公众一起，打造方便、高效、环保的绿色出行方式，让城市更美好。（共同目标）
	C4F	现在的共享单车服务已经逐步成为人们日常出行的基本交通方式之一，尤其是对短途出行，有助于解决了"最后一公里"难题，进而不断完善城市交通服务体系。（公共评价）
	D13E	共享单车虽然出现了很多问题，但它也带来了极大的便利，成为我上下班的必需品，因此即使我的押金至今未退，我也会继续支持和使用共享单车，押金就算是我对单车做贡献了吧。（相互依赖）
	D15E	虽然大量共享单车迅速破产倒闭甚至存在恶意拖欠用户押金等问题，但总是给大家提供了新的出行方式，所以还是给创新创业者一些支持吧。（自我评价）
社会信任	D17E	共享单车实质上是骗融资、占用公共资源牟利，是伪共享。（不信任）
	D14E	共享单车早已沦为了各种资本的竞技场，大量企业一夜间产生又很快倒闭。剩下的企业也难以盈利，说明这一行业不可持续。（信任度较低）
	D18F	当前人们的素质达不到共享的要求，必然出现各种乱象。（不信任）
	C1E	政府还需要进一步完善制度，加强对企业的监管力度，构建信用监管体系和信息沟通机制，进行合作监管。（信任度较低）

2. 主轴编码

不同于以发现"范畴"为目的的开放式编码，主轴编码是为了更好地发展主范畴。主轴编码又称为关联式登录或二级编码，是将开放式编码获得的各范畴进行进一步提炼、调整和归并，并对范畴之间的内在联系进行厘清和梳理的过程。换言之，研究者分别对所有范畴进行深度分析，围绕每个范畴进一步挖掘不同概念层次间是否存在潜在的相关关系，并识别组内范畴的级别，以建立起主范畴和子范畴之间的联系。在本研究中，我们根据不同范畴之间的相互关系和逻辑次序，重新进行归类后产生4个主范畴（见表4-3）。

表 4-3　主轴编码过程及结果

主范畴	副范畴	范畴关系的内涵
社会交换因素	物质激励	物质奖励、物质处罚、制裁等。物质激励会激发或限制公众的共同生产行为。
	精神激励	精神满足、价值观念、鼓励表扬、批评教育等。精神激励会激发或限制公众的共同生产行为。
	社交激励	社会氛围、社会风气、群体压力等。公众对于周围事物或人对自己的期望的认知，会影响到个人共同生产行为。
	规范感召	道德素质、公民素质、文明宣传等。公众的内在道德素质或社会整体的道德规范会影响个人共同生产行为。
社会心理因素	自我效能	公众对是否具备规范骑行能力以及能否做到文明骑行，会有估计，个人自我效能感会影响到共同生产行为。
	结果期望	公众对自身共同生产行为能否产生预期效果的主观认知会影响到个人共同生产行为。
	服务认同	公众个体对共享单车服务公共价值的认可会影响个人共同生产行为。
社会环境因素	社会信任	行业信任、制度信任、人际信任等。公众对共享单车的宏观信任水平会影响其共同生产行为。
骑行者属性	性别、年龄、学历、收入、骑行频率	骑行者属性不同，会导致公众的共同生产行为产生差异。

3. 选择性编码

选择性编码又称为核心编码，目的是进一步系统处理范畴与范畴的关联。它是从主范畴中提炼核心范畴（Core Category），并以"故事线"的方式将各主范畴串联起来以描绘整体行为现象，从而确立实质性的理论，完成从经验到理论的转变。本研究所确定的核心范畴为"共享单车服务中公众的共同生产行为驱动机理"，它由"社会交换因素""社会心理因素""社会环境因素"和"骑行者属性"4个主范畴组成。各主范畴之间的典型关系结构如下表4-4所示。

表4-4　选择性编码结果

核心范畴	典型关系结构	关系结构的内涵
共享单车服务中公众的共同生产行为驱动机理	社会交换因素→共同生产行为	社会交换可以满足公众在物质利益、精神利益、社交需要和道德认同等方面的需求，也是管理者调动公众参与共享单车服务共同生产积极性的重要方式。
	社会心理因素→共同生产行为	公众主观上是否认可共享单车服务的社会价值，认为自己是否具有参与共同生产的能力，及通过自己行动能否创造公共价值的心理预期会影响公众参与共享单车服务的共同生产。
	社会环境因素↓影响因素→共同生产行为	社会环境因素是公众参与共享单车服务共同生产的外部制约性情景因素，它作为调节变量，会强化或削弱各类因素与共同生产行为间的关系。
	骑行者属性→共同生产行为	骑行者属性直接影响公众参与共同生产行为。公众参与共享单车服务共同生产会因用户人口统计特征和骑行特征不同产生差异。

4. 理论饱和度检验

扎根理论要求在理论构建完成后对理论模型是否饱和（theoretical saturation）进行检验，如果未饱和要继续扩充资料，寻找新的概念与范畴来修正理论。本研究将1/3的访谈记录用于扎根分析。编码结果显示，模型中的范畴已发展得足够丰富，未发现明显新颖的初始概念、范畴和关系。据此，本研究认为前述扎根分析在理论上达到饱和。

五、质性研究结果

1. 综合理论模型的构建

在经过以上步骤之后，结合相关理论研究成果进一步构建了相应理论模型。本研究确定了核心范畴"共享单车服务中公众的共同生产行为驱动机理"和四大主范畴"社会交换因素、社会心理因素、社会环境因素、骑行者属性"，并梳理出各主范畴之间的关系结构。在此基础上，结合共同生产理论、社会交换理论、社会认知理论、期望理论、社会认同理论、社会信任理论、负责任的环境行为模型以及文献综述相关内容，构建共享单车服务中公众的共同生产行为驱动机理的整合模型，具体见图4-1所示。

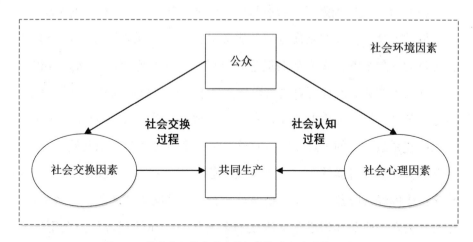

图4-1　公众参与共享单车管理服务共同生产的驱动机理

调动公众参与共享经济协同监管是一种社会交换过程。管理者可以通过物质激励和精神激励措施，以及发挥外部环境中社交群体和道德环境的作用来满足公众对物质利益、精神利益、社交需要和道德认同等方面的需求，从而调动市民参与协同监管的积极性。① 同时，公众共同生产中的参与动机也并非是对管理者管理措施的机械反应，公众本身的心理和认知也会对参与动机产生影响。当公众认同共享单车服务的公共价值，认为自身具有参与协同监管的能力，公众就会更愿意参与到共享单车服务的协同监管活动中。社会信任作为一种环境变量，通过强化社会公众的心理认知，间接促进社会心理因素和社会交换因素向共同生产行为的转化，有利于增强公众参与共享经济协同监管的意愿和能力，调动公众参与的积极性。

2. 综合理论模型影响机制阐释

本研究通过扎根分析提出了"公众参与共享单车管理服务共同生产行为驱动机理"这一核心范畴以及相应的四个主范畴。但每个主范畴包含不同的要素，对公众共同生产行为的影响机制不尽相同。

（1）社会交换因素对公众参与共享单车服务共同生产行为的影响。

调动公众的积极性是促进公共服务共同生产的关键因素。从公共选择理论的视角来看，人们都是追求利益最大化的行动者。公众是否积极参与共同生产会受到经济效益的影响，是个人理性权衡利弊的结果。② 换言之，公众会综合考虑共同生产的成本与收益。当公众认为参与共同生产的收益超过潜在的风险和可能的成本时，才会选择参与到共同生产中。因此，如果管理者能够制定合理有效的管理制度提高公众在共享单车合作生产中的经济收益，减少"搭便车"行为，共同生产才能够有效进行。但是，公众的收益和需求是多维度和多元化的。在管理者与公众用户的互动过程中，不仅仅是单纯的物质资源交换，也包括精神、社交以及道

---

① 顾丽梅、张云翔：《共同生产视角下的城市共享单车服务治理——基于上海市案例的混合方法研究》，《公共管理学报》2019 年第 1 期。

② Rich R C, "Interaction of the voluntary and governmental sectors toward an understanding of the coproduction of municipal services", *Administration & Society*, Vol. 13, No. 1, 1981.

德等众多方面的社会交换。① 具体来讲，管理者通过社会交换满足公众在物质、精神、社交和道德认同感等多方面的效益和需求，引导公众自觉参与共同生产活动。在共享单车服务中，服务提供者和管理者对公众采取了多种激励措施以引导公众参与共同生产。例如，共享单车企业对文明骑行、规范停放自行车的公众给予信用积分奖励，或者对违规的用户给予扣除信用积分、额外征收调度费等惩罚。交通管理等政府部门会对乱停乱放的骑行者以批评教育甚至罚款。因此管理者通过鼓励和处罚两种方式对公众进行物质或精神激励，促进公众在共享单车共同生产活动中的参与积极性。此外，公众乱停乱放等违规行为也会承受自身道德规范的谴责或遭受周围人的异样的目光、压力甚至被曝光，从而主动遵从社会所倡导的文明骑行规范。② 因此，外部环境的社交激励和规范感召有助于加强公民的自我控制和参与监管意愿，从而引导社会公众主动参与共享单车的协同监管。

（2）社会心理因素对公众参与共享单车服务共同生产行为的影响。

在同一种服务的共同生产中，公众参与的积极性会有显著差异。这说明公众在共同生产中的参与动机并非是对管理措施的机械反应，公众本身的心理和认知也是促使个人积极参与共同生产的重要原因。期望理论认为，人对某一目标的渴求满足会表现为对该目标未来实现结果的期望，这种期望会对行为产生强有力的心理激励作用。当个体意识到其行为努力会得到较好回报时，他会积极行动；反之则会消极应付甚至无动于衷。③ 除了公众参与共同生产的意愿以外，公众参与的能力也会影响他们的共同生产行为。奥尔福德（Alford）认为，公众在共同生产中面临着

---

① 董成惠：《网约车类共享经济监管的理性思考：公共政策抑或竞争政策》，《电子政务》2019年第 8 期。Marschall M J, "Citizen participation and the neighborhood context: A new look at the coproduction of local public goods", *Political Research Quarterly*, Vol. 57, No. 2, 2004.

② Cai S, Long X, Li L, et al. "Determinants of intention and behavior of low carbon commuting through bicycle-sharing in China", *Journal of Cleaner Production*, Vol. 212, 2019.

③ Vroom V H, *Work and motivation*, Oxford：Wiley, 1964, pp. 343-345.

生产意愿和生产能力两方面的问题，当公众认为自己具有参与共同生产能力并且感觉到自身行为能够实现预期目标时，公众就会更愿意参与到共同生产活动中。因此，公众对自己参与共同生产能力的效能感和对共同生产行为产生结果的心理期望也是影响共同生产的重要因素。① 此外，公众参与共同服务的动力也取决于对该服务的归属和认同。金立印认为，用户购买自己认可的品牌产品有助于实现自我价值和社会价值。② 在共享单车服务共同生产情景中，当公众认同共享单车服务巨大的公共价值，觉得自己有能力实现管理者所期望的文明骑行、规范停放和参与监督管理等要求，而且这种合作行为能够达到保护和创造公共价值的目的时，公众就会更加积极主动地参与共享单车的协同管理。因此，社会心理因素会促进公众在共享单车管理服务中的共同生产行为。

（3）骑行者属性是公众参与共享单车服务共同生产的内部情景因素，对公众共同生产行为具有显著影响。

公众参与共同生产行为会受到社会经济因素的影响，而社会经济变量会因性别、年龄、受教育程度、收入水平、宗教信仰等人口统计学特征而存在显著差异。例如，帕拉多（Parrado）等分析了人口统计学因素与公众合作生产间的关系，发现女性和高年龄段的公众更愿意参与到公共服务的合作生产中。③ 厄杰顿（Egerton）等证明受教育程度与公众参与公共事务的积极性有显著相关性。④ 在访谈中，共享单车调度员和企业管理者也提到，共享单车在校园中的乱停放、私占和破坏率相对很低，私占常发生在小区，而破坏行为在工地和郊区很常见。

---

① Eijk C V and Steen T, "Why engage in co-production of public services? Mixing theory and empirical evidence", *International Review of Administrative Sciences*, Vol. 82, No. 1, 2016.

② 金立印：《基于品牌个性及品牌认同的品牌资产驱动模型研究》，《北京工商大学学报（社会科学版）》2006年第1期。

③ Parrado S, Van Ryzin G G, Bovaird T, et al. "Correlates of co-production: Evidence from a five-nation survey of citizens", *International Public Management Journal*, Vol. 16, No. 1, 2013.

④ Egerton M, "Higher education and civic engagement", *The British Journal of Sociology*, Vol. 53, No. 4, 2002.

（4）社会环境因素作为外部调节变量，在公众参与共享单车服务共同生产过程中起到调节作用。

个体行为的发生受到个人内部心理与外部情境环境的共同影响。社会认知理论认为，外部环境会对人的认知和行为产生重要影响，个体会通过对环境的感知、预期和判断来影响、调节和控制个体行为。因此，行为、人和环境三者之间存在三元互惠交互关系。[①] 社会信任是一种重要的社会背景变量，是共享经济服务中共同生产的前提和基础。由于社会信任反映了公众对共享单车服务的认可和信赖，更高的社会信任度意味着更多的肯定，从而增强人们的社会心理感知，促进社会交换过程。换言之，社会信任水平越高，就越会强化心理认知及社会交换因素向实际行为的转化，而社会信任危机则会削弱人们共同生产意愿，阻碍认知和交换因素向行为意愿的转化过程。因此，社会信任作为外部环境变量在公众共同生产影响因素及其实际行为之间起调节作用。[②] 在共享单车服务中，由于共享单车企业大量破产倒闭和挪用用户押金等问题使公众产生信任危机，导致公众对共享单车服务提供者的信任度不断降低。这种宏观社会信任环境会削弱公众与共享单车服务的联系，降低公众参与共享单车共同生产的信心和意愿，阻碍公众认知向实际行为的转化。[③]

六、结果分析与讨论

通过对访谈资料的扎根分析，本研究提出了影响公众参与共享单车服务共同生产的影响因素和驱动机理。这对于明确公众参与公共服务共同生产的机理，促进共同生产理论和协同治理理论的创新发展具有重要

---

① ［美］埃略特·阿伦森、［美］提摩太·D.威尔逊、［美］D.罗宾·M.埃克特：《社会心理学》（第5版），侯玉波等译，中国轻工业出版社，2006，第245页。Bandura A, *Social foundations of thought and action*, The Health Psychology Reader, 2002, pp. 94–106.

② Vroom V H, *Work and Motivation*, Oxford：Wiley, 1964, pp. 343–345.

③ Uzochukwu K and Thomas J C, "Who engages in the coproduction of local public services and why? The case of Atlanta, Georgia", *Public Administration Review*, Vol. 78, No. 1, 2017.

意义。结合奥尔福德（Alford）、顾丽梅和张云翔等学者们对共同生产的研究成果，得出了以下几点启示。

1. 公众参与公共服务共同生产是个体与情境交互影响的过程

当前，学者们通过对不同领域的实证研究提出了影响公众参与公共服务共同生产的影响因素。本研究发现，社会交换因素、社会心理因素以及社会环境因素是影响公众共同生产行为的主要因素范畴，这一结论与过去研究基本一致。[①] 但是，公众参与公共服务共同生产是以认同该活动公共价值为前提的，因此价值认同应该纳入影响范畴中来。具体说来，调动公众参与共同生产是一种社会交换过程，管理者可以通过物质和精神激励措施，以及发挥外部环境中社交群体和道德环境的作用来满足公众对物质或精神利益、社交需要及道德认同等方面的需求，从而促进公众的参与意愿。同时，公众本身的心理和认知也同样重要。当公众认同共享单车服务的公共价值，认识到自身具有参与共同生产的能力，并且认为通过自身行为能够实现预期目标，公众就会更积极地参与到共同生产中。而社会信任作为一种环境变量，通过强化社会公众的心理认知，间接促进社会心理因素和社会交换因素向共同生产行为的转化。

2. 共同生产活动是一项"认知—生产"的多阶段迭代行动过程

过去，许多研究者认为共同生产是单向度的过程，公众一旦决定参加就会持续参与下去。[②] 因此，仅关注公众在初始阶段的参与意愿和参与能力，忽略参与过程中许多因素会干扰参与者原先的判断，则会导致公众参与的热情逐渐流失。[③] 正如我们在访谈中发现，许多原先积极参与共

① 顾丽梅、张云翔：《共同生产视角下的城市共享单车服务治理——基于上海市案例的混合方法研究》，《公共管理学报》2019 年第 1 期。Alford J, "Why do public-sector clients co-produce? Toward a contingency theory", *Administration & Society*, Vol. 34, No. 1, 2002.
② 李鑫、陈玲：《新兴产业的协作治理何以达成？——以共享单车停放管理为例》，《电子政务》2022 年第 7 期。
③ 张云翔：《居家养老服务中的共同生产研究——以上海花木社区乐巢项目为例》，《浙江学刊》2016 年第 1 期。

享单车监管维护的志愿者不被大家理解，逐渐退出了志愿服务活动。还有部分单车用户表示刚开始能够认真遵循共享单车的规范，但是感觉乱停乱放等违规行为到处都是，自己的努力没有什么实际效果，因而也开始"随大流"。因此，本研究进一步提出，共同生产活动是一项"认知—生产"的多阶段迭代行动过程，具有重复性博弈的特征，每一阶段公众持续参与过程的质量和体验都会对公众的后续决策产生影响。换言之，共同生产应当是动态而非静态的过程。① 我们既要关注公众参与的初始阶段，更要探讨持续参与阶段。具体来说，要进一步研究共同生产中参与者的认知是如何发生了迭代转换，及如何为公众持续参与共同生产提供积极的影响。可以说，相对于公众在初始阶段的参与，公众的持续参与成为确保共同生产能够良好运行的关键。这一发现对拓展共同生产理论以及协同治理理论提供了新视野和新经验。

---

① 吴金鹏、熊竞、刘旭：《城市居民共同生产行为的结构与测量——基于社区微更新的研究》，《城市发展研究》2022 第 11 期。

第五章

公众参与我国共享单车
协同监管的驱动机理

在运用扎根理论确定了影响公众参与共享单车协同监管主要因素和驱动机理的基础上，本章采用实证方法进一步进行检验，为调动公众参与协同监管，构建多元协同的合作监管治理模式提供理论依据。

一、研究假设与理论框架

1. 公众的共同生产行为

公众参与共享单车服务的共同生产包括多种形式，其中公众的自我约束和参与管理维护，与创造公共价值紧密相关。共同生产依据不同的标准可以划分为不同的维度。例如，里奇（Rich）根据参与者态度的不同，将之区分为主动合作生产和被动合作生产。[①] 本研究结合共同生产的现有研究成果以及访谈中了解到的公众参与共享单车服务共同生产的形式，从律己和律他两个维度，将公众在共享单车服务中的共同生产行为分为遵从服务规范行为和参与监管维护行为，将其作为实证研究的结果

---

① Rich.R C, "Interaction of the voluntary and governmental sectors toward an understanding of the coproduction of municipal services", *Administration & Society*, Vol. 13, No. 1, 1981.

变量。遵从服务规范行为是指公众在使用共享单车过程中按照服务规定规范骑行共享单车的行为（Obey Behavior，OB），包括规范取放、文明骑行以及不破坏或不私占共享单车等，属于自律监管。参与监管维护行为是指公众积极主动地参与共享单车维护以完善相关服务的管理行为（Maintenance Behavior，MB），包括举报其他用户的违规行为、参与共享单车志愿维护活动以及主动把他人乱停放的共享单车摆放好等。①

2. 物质激励与公众共同生产行为

物质激励是指通过物质刺激的手段激发和鼓励个体朝着所期望的目标采取行动的过程。② 其中既包括奖金和奖品等，也包括罚款等。从经济交换理论的视角来看，人们都是追求利益最大化的行动者，个体行为会受到物质利益的驱动，这往往是个人理性权衡利弊的结果。此外，物质激励对个体的行为具有告知和暗示的效应。③ 在共享单车服务共同生产中，管理者通过物质激励对公众产生影响，而公众会综合考虑共同生产的物质成本与收益以做出个人决策。本研究中的物质激励（Material Incentives，MIN）指公众因参与共享单车管理活动而获得的物质收益或者遭受的物质利益损失。当公众认为参与共同生产的物质收益超过潜在的风险和可能的成本时，就会增强共同生产的主观意愿，进而遵从共享单车行为规范及主动参与到协同管理活动中。基于此，本研究提出以下假设：

H1a：物质激励对公众遵从服务规范行为存在显著的正向影响。

H1b：物质激励对公众参与监管维护行为存在显著的正向影响。

3. 精神激励与公众共同生产行为

精神激励包括表扬、荣誉、批评等。公众的收益和需求是多维度、

---

① Lan J, Ma Y, Zhu D, et al. "Enabling value co-creation in the sharing economy: The case of Mobike", *Sustainability*, No. 9, 2017.

② Alford J, *Engaging public sector clients: From service-delivery to coproduction*, Palgrave Macmillan, 2009, p. 23.

③ Kohn A, "Why incentive plans cannot work", *Harvard Business Review*, Vol. 71, No. 5, 1993.

多元化的，精神激励是影响个体行为意愿的重要因素。本研究中的精神激励（Intrinsic Spiritual Incentives，ISI）是指公众因参与共享单车管理活动而受到的内在的精神奖励或惩罚。在管理者与用户的互动过程中，不仅仅是单纯的物质资源交换，也包括精神、社交和道德规范等多种形式的社会交换。精神激励作为管理者调动公众参与共享单车服务共同生产的一种内在激励措施，可以满足公众在精神方面的需求，强化公众对共同生产内在精神收益的预期，从而提高公众参与共同生产的意愿。① 基于此，本研究提出以下假设：

H2a：精神激励对公众遵从服务规范行为存在显著的正向影响。

H2b：精神激励对公众参与监管维护行为存在显著的正向影响。

4. 社交激励与公众共同生产行为

社交激励是指在与他人和团体等社会关系互动过程对个人行为决策的影响，如被人尊重、羡慕、获得团体的信任等。② 本研究中的社交激励（Solidary Incentives，SIN）是公众在参与共享单车管理活动中，社会网络对个人行为产生的直接或间接影响。③ 每个人都生活在一定的社会网络之中，所以会受到他人、社会群体或者全社会的影响。社交激励能够满足公众在社交方面的效用和需求，更容易获得群体的认同，从而强化公众参与共同生产的行为意愿。在共享单车服务的共同生产活动中，公众自觉遵从共享单车服务规范或者参与监管维护就能够得到他人的尊重或者社会的认可，激发个人的社交满足感，从而获取愉悦心情。因此，社交激励是影响公众参与共同生产的重要因素。基于此，本研究提出以下

---

① 顾丽梅、张云翔：《共同生产视角下的城市共享单车服务治理——基于上海市案例的混合方法研究》，《公共管理学报》2019 年第 1 期。

② Clark P and Wilson J, "Incentive systems: A theory of organizations", *Administrative Science Quarterly*, No. 6, 1961. Alford J, "Why do public-sector clients co-produce? Toward a contingency theory", *Administration & Society*, Vol. 34, No. 1, 2002.

③ Eijk C V and Steen T, "Why engage in co-production of public services? Mixing theory and empirical evidence", *International Review of Administrative Sciences*, Vol. 82, No. 1, 2016.

假设：

H3a：社交激励对公众遵从服务规范行为存在显著的正向影响。

H3b：社交激励对公众参与监管维护行为存在显著的正向影响。

5. 规范感召与公众共同生产行为

规范感召是指社会道德规范对个人道德观念和价值行为的约束和引导。[①] 本研究中的规范感召（Expressive Values Incentives, EVI）是指公众在使用共享单车时受到自身的道德规范约束以及社会文明宣传的影响。价值—信念—规范理论认为，个体规范是激活个人亲社会行为的重要因素，个人的行为意愿会受到个人价值观念和社会规范的影响。[②] 公众参与公共服务共同生产符合社会所倡导的道德规范，有助于进一步强化个人内在的道德规范，满足了个人在道德认同方面的需求，提升了公众参与共同生产的意愿。在共享单车服务共同生产中，如果公众会受到文明规范和个人道德的引导时，就会更主动地遵从共享单车服务规范以及参与到监管维护活动中。基于此，本研究提出以下假设：

H4a：规范感召对公众遵从服务规范行为存在显著的正向影响。

H4b：规范感召对公众参与监管维护行为存在显著的正向影响。

6. 服务认同与公众共同生产行为

公众参与共同生产不仅受到社会激励措施的影响，公众的心理和认知状况也是促使其积极参与共同生产的重要原因。在社会认知因素中，公众参与公共服务的前提条件在于对该服务公共价值的强烈认同。服务认同（Service Identification, SI）是指公众对于某项公共服务公共价值的高度认可。[③] 对公共服务的认同会促使个人自觉参与到某项公共服务活动

---

① 顾丽梅、张云翔：《共同生产视角下的城市共享单车服务治理——基于上海市案例的混合方法研究》，《公共管理学报》2019 年第 1 期。

② Stern P C, Dietz T, et al. "A value-belief-norm theory of support for social movements: The case of environmentalism", *Human Ecology Review*, Vol. 6, No. 2, 1999.

③ Eijk C V and Steen T, "Why engage in co-production of public services? Mixing theory and empirical evidence", *International Review of Administrative Sciences*, Vol. 82, No. 1, 2016.

中，帮助该服务消除负面问题以促进其更好发展。例如，颜玉凡和叶南客基于公众参与城市社区公共文化生活案例，探索了认同与参与行为间的互动关系，提出认同有助于实现个人自我价值，进而促进公众主动参与公共文化生活的积极性。① 共享单车解决了城市出行"最后一公里"难题，为短途出行提供了巨大便利，对缓解交通拥堵具有重要意义。因此，对该公共服务的社会价值认同必然会增强公众遵从共享单车服务规范和参与监管维护的意愿。基于此，本研究提出以下假设：

H5a：服务认同对公众遵从服务规范行为存在显著的正向影响。

H5b：服务认同对公众参与监管维护行为存在显著的正向影响。

7. 自我效能与公众共同生产行为

除了公众参与共同生产的意愿以外，公众参与的能力也会影响他们的共同生产行为。班杜拉（Albert Bandura）于 1977 年提出自我效能感（Self-efficacy，SE）的概念，是指人们对自身能否利用所拥有的技能去完成某项工作的自信程度。② 当人们感觉自己在某项工作上有较高自我效能时，就会更加积极地参与这项工作。而当人们认为自身不具备完成某项工作的能力，就会采取回避的态度，降低参与工作的积极性。③ 在本研究中，自我效能是指公众对自身是否具有参与共享单车服务共同生产能力的主观判断。奥尔福德（Alford）通过多案例研究发现，个人自我效能会显著影响公众参与养老等公共服务活动的积极性。④ 在共享单车服务共同生产中，受限于城市提供的有限公共交通服务设施以及企业平台固定的沟通渠道，公众会对个人是否有能力遵从规范以及参与管理活动形成主

---

① 颜玉凡、叶南客：《认同与参与——城市居民的社区公共文化生活逻辑研究》，《社会学研究》2019 年第 2 期。

② Bandura A, "Self-efficacy: Toward a unifying theory of behavioral change", *Psychological Review*, Vol. 84, No. 2, 1977.

③ Bandura A, *Social foundations of thought and action*, The Health Psychology Reader, 2002, pp. 94-106.

④ Alford J, "Why do public-sector clients co-produce? Toward a contingency theory", *Administration & Society*, Vol. 34, No. 1, 2002.

观估计，这必然会影响到公众参与共享单车服务共同生产的行为意愿。基于此，本研究提出以下假设：

H6a：自我效能对公众遵从服务规范行为存在显著的正向影响。

H6b：自我效能对公众参与监管维护行为存在显著的正向影响。

8. 结果期望与公众共同生产行为

预期是认知与行为的中介，是行为的重要决定因素之一。预期可以分为效能预期和结果预期。其中，结果预期（Outcome Expectation, OE）是人们对个人行为可能导致某种结果的个人预测。[1] 如果人们认为通过自身的行为能得到预测中的结果，就会更积极地采取行动。反之，则会降低人们行动的主观意愿。在本研究中，结果期望是指公众对自己的共同生产行为是否能够提升共享单车服务水平的判断和预测。艾克（Eijk）等认为，公众在共同生产中面临着生产意愿和生产能力两方面的问题，当公众认为自己具有参与共同生产能力并且认为能够实现预期目标时，他们会更有意愿参与到共同生产中。[2] 在共享单车共同生产情景中，面对共享单车服务中存在的乱停乱放、私占、破坏单车等问题，如果公众认为自己有能力实现管理者所期望的文明骑行、规范停放和参与监督管理等要求，并且因为自己的这种合作行为能够达到保护和创造公共价值的目的时，公众参与共享单车共同生产的积极性就会更高。基于此，本研究提出以下假设：

H7a：结果期望对公众遵从服务规范行为存在显著的正向影响。

H7b：结果期望对公众参与监管维护行为存在显著的正向影响。

9. 社会信任与公众共同生产行为

个体行为会受到个人内部心理与外部情境环境的共同影响。社会认知理论认为，个体会通过对周围环境的感知、预期和判断来调整个人行

---

① Vroom V H, *Work and motivation*, Oxford: Wiley, 1964, pp. 343-345.

② Eijk C V and Steen T, "Why engage in co-production of public services? Mixing theory and empirical evidence", *International Review of Administrative Sciences*, Vol. 82, No. 1, 2016.

为，因此行为、个体和环境三者之间是相互影响的交互关系。① 社会信任（Social Trust，ST）是一种重要的社会背景变量，构成了共享经济服务共同生产的前提和基础。本研究中的社会信任是指对共享单车及其相关服务的总体信任水平，反映了公众对共享单车服务的认可和信赖程度。② 社会信任度高时，公众会对该行业服务给予更多的肯定，从而增强人们的社会心理认知，促进社会交换过程。换言之，社会信任水平越高越会促进个人共同生产心理认知因素和社会交换因素向实际行为的转化，而社会信任水平越低越会削弱人们共同生产意愿，并阻碍认知和交换因素向行为意愿的转化过程。因此，社会信任作为外部环境变量在公众共同生产影响因素及其实际行为之间起调节作用。在共享单车服务中，由于共享单车企业的大量破产倒闭以及挪用用户押金等原因引发公众产生信任危机。此外，公众对共享单车行业是否能长期存在以及公众道德素质能否达到"共享"的要求等问题存在疑虑，导致公众对共享单车服务的信任度不断降低，这种宏观社会信任环境削弱了公众与共享单车服务的联系，降低了公众参与共享单车服务共同生产的信心和意愿，阻碍公众认知向实际行为的转化。基于此，本研究提出以下假设：

社会信任水平会正向调节社会交换因素与公众遵从服务规范行为之间的关系。公众对共享单车服务社会信任度高时会正向促进物质激励（H8a）、精神激励（H8b）、社交激励（H8c）和规范感召（H8d）向遵从服务规范行为的转化。

社会信任水平会正向调节社会心理因素与公众遵从服务规范行为之

---

① ［美］埃略特·阿伦森、［美］提摩太·D. 威尔逊、［美］罗宾·M. 埃克特：《社会心理学》（第5版），侯玉波等译，中国轻工业出版社，2006，第245页。Bandura A, *Social foundations of thought and action*, The Health Psychology Reader, 2002, pp. 94–106.

② Grayson K, Johnson D and Chen D F R, "Is firm trust essential in a trusted environment? How trust in the business context influences customers", *Journal of Marketing Research*, Vol. 45, No. 2, 2008. 王晓玉、晁钢令、万广胜：《宏观层面信任水平在消费者对产品危机感知中的作用》，《管理评论》2017年第2期。

间的关系。公众对共享单车服务社会信任度高时会正向促进社会服务认同（H9a）、自我效能（H9b）和结果期望（H9c）向遵从服务规范行为的转化。

社会信任水平会正向调节社会交换因素与公众参与监管维护行为之间的关系。公众对共享单车服务社会信任度高时会正向促进物质激励（H10a）、精神激励（H10b）、社交激励（H10c）和规范感召（H10d）向参与监管维护行为的转化。

社会信任水平会正向调节社会心理因素与公众参与监管维护行为之间的关系。公众对共享单车服务社会信任度高时会正向促进社会服务认同（H11a）、自我效能（H11b）和结果期望（H11c）向参与监管维护行为的转化。

综上所述，本研究理论模型如图 5-1 所示。

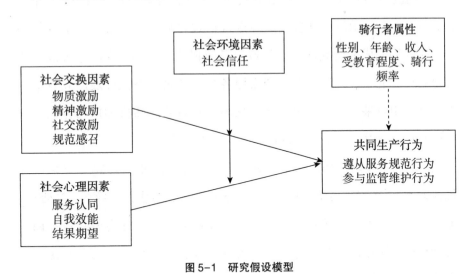

图 5-1　研究假设模型

二、变量测量与分析方法

1. 数据来源

本研究采用问卷来获取数据。从 2019 年 3 月初至 2020 年 8 月底，课题组在北京、上海、天津、太原四个城市开展了数据收集工作，主要通过实地调研与线上问卷平台相结合的方式收集资料。北京、上海、天津、太原四地均有大量共享单车，骑行共享单车已成为当地居民短途出行的日常行为习惯。北京和上海在城市出行服务体系中暴露出的问题对其他城市而言具有一定的代表性和预示性。天津和太原作为共享单车城市管理的积极探索者，对北京、上海等城市的管理措施进行学习和借鉴，进一步形成了适应本地区的管理方案。上述四个地区包括了我国经济发达的特大城市和二线城市，能够反映出我国南北方地区类型、不同经济发展程度城市的多样性特征，为本研究提供真实可靠的资料和数据。

在正式发放问卷之前，课题组先在北京、天津两地开展了预调研工作。课题组共发放了 50 份纸质问卷，收回 47 份有效问卷，结果显示量表具有良好的信、效度，适合进一步进行正式调研。20 名受过专业训练的研究生共同完成本研究的问卷发放以及数据整理工作。在问卷发放与收集过程中，北京、天津、上海和太原各分配 5 名负责人开展问卷收集工作。课题组将某一城市划分为若干区域，然后采取随机抽取的方式来决定调研点。例如，在北京东城区、西城区、朝阳区、海淀区、丰台区、石景山区这 6 个城区中，每个区划分为 4 个发放区域，从 24 个区域中随机抽取 12 个区域作为调研点，然后 5 名调研人员分多次在商场、咖啡厅、地铁口的单车停放点等地发放和收集调研问卷。为了提高公众对本调研的参与度，课题组主要选择在周末发放问卷，并向每位参与者赠送一份小礼物。在收回的 983 份问卷中，保留了 805 份有效问卷，问卷有效率为 81.89%。在受访者中，男性占 51.06%，女性占 48.94%，从总体上看男女比例基本持平。受访者的年龄共分为 5 个阶段，其中 12 至 18 岁的受访者 127 人，占总人数的 15.77%；19 到 25 岁受访者为 276 人，占总人数的 34.29%；26 到 35 岁的受访者为 236 人，占总人数的 29.32%；36 至

45 岁的受访者为 108 人，占总人数的 13.42%；46 岁以上的受访者为 58 人，占总人数的 7.20%。从年龄分布上看，受访者的平均年龄约为 26 岁，青年人所占比例较大，说明共享单车的使用者以年轻人为主。受访者中，大学本科学历人数占比为 32.05%，高中及以下学历人数占比为 29.81%，研究生及以上学历人数占比为 23.98%，专科学历人数占比为 14.16%。在受访者月收入方面，每月收入低于 2500 元所占比例为 29.32%，每月收入在 5001 元至 7500 元间的比例为 31.80%，这两部分可能是青年学生和上班族。从每周骑行次数来看，44.72% 的受访者表示每周平均骑行 6 到 12 次，40.50% 的受访者表示会骑行单车 5 次及以下，这两部分人占总人数的 85.22%，只有 14.78% 的受访者每周骑行次数超过 13 次，这些人口统计变量特征基本符合国家信息中心发布的《中国共享经济发展报告》相关数据（见表 5-1）。

表 5-1　样本人口统计特征（N=805）

变量	类别	样本数/人	比例/%
性别	男	411	51.06
	女	394	48.94
年龄	12<18 岁	127	15.77
	19—25 岁	276	34.29
	26—35 岁	236	29.32
	36—45 岁	108	13.42
	>46 岁	58	7.20
学历	高中及以下学历	240	29.81
	专科学历	114	14.16
	大学本科学历	258	32.05
	研究生及以上学历	193	23.98

续表

变量	类别	样本数/人	比例/%
月收入	≤2500 元	236	29.32
	2501—5000 元	135	16.77
	5001—7500 元	256	31.80
	7501—10000 元	104	12.92
	>10000 元	74	9.19
周均骑行次数	5 次及以下	326	40.50
	6—12 次	360	44.72
	13—20 次	78	9.69
	21 次以上	41	5.09

注：部分数据规模较小的组别在实际检验中进行了并组处理

2. 变量的描述与测量

对于影响公众参与共享单车服务共同生产的多种影响因素，本研究基于前文"扎根理论"的研究结果以及参考部分学者的问卷，分别设计了量表（见表 5-2）。

表 5-2　问卷测量使用的变量及其来源

构念	变量	来源
共同生产行为	遵从服务规范行为 参与监管维护行为	顾丽梅[1]、艾克（Eijk）[2]、李秋成[3]等

① 顾丽梅、张云翔：《共同生产视角下的城市共享单车服务治理——基于上海市案例的混合方法研究》，《公共管理学报》2019 年第 1 期。

② Eijk C V and Steen T，"Why engage in co-production of public services? Mixing theory and empirical evidence"，*International Review of Administrative Sciences*，Vol. 82，No. 1，2016.

③ 李秋成、周玲强：《社会资本对旅游者环境友好行为意愿的影响》，《旅游学刊》2014 年第 9 期。

续表

构念	变量	来源
社会交换因素	物质激励、精神激励 社交激励、规范感召	顾丽梅、艾克（Eijk）、 杨留花①等
社会心理因素	自我效能 结果预期 服务认同	顾丽梅、艾克（Eijk）等
		黄京华②、里奥（Belén）③ 等
社会环境因素	社会信任	格雷森（Grayson）④、 王晓玉⑤、汉森（Hansen）⑥ 等

问卷由五部分组成。问卷的开头对研究目的、研究计划以及关于共享单车服务、公众共同生产行为等主要概念进行了介绍，以确保受访者在填答问卷前对所描述的问题有清晰的认识。问卷的第一部分是受访者的基本信息，包括性别、年龄、学历、收入以及骑行频率。第二至五部分分别是公众共同生产行为、社会心理因素、社会交换因素以及社会环境因素的具体测量题项。在正式开始问卷调查之前，课题组进行了预测试，询问受试者是否能够清楚理解和轻松回答这些问题，并征求 3 名公共管理领域专家的意见，根据反馈结果以及专家建议对题项进行了多轮调整修改，直到显示出良好的内部有效性。问卷统一采用李克特（Likert）七级量表，从 1—7 分别代表"完全不符合"至"完全符合"。

---

① 杨留花、诸大建：《扩展计划行为理论框架下共享单车规范停放行为意向的影响因素分析》，《中国人口·资源与环境》2018 年第 4 期。

② 黄京华、金悦、张晶：《企业微博如何提升消费者忠诚度——基于社会认同理论的实证研究》，《南开管理评论》2016 年第 4 期。

③ Belén del Río A，Vázquez, Rodolfo, et al. "The effects of brand associations on consumer response"，*Journal of Consumer Marketing*，Vol. 18, No. 5, 2001.

④ Grayson K, Johnson D and Chen D F R, "Is firm trust essential in a trusted environment? How trust in the business context influences customers"，*Journal of Marketing Research*，Vol. 45, No. 2, 2008.

⑤ 王晓玉、晁钢令、万广胜：《宏观层面信任水平在消费者对产品危机感知中的作用》，《管理评论》2017 年第 2 期。

⑥ Hansen T, "The moderating influence of broad-scope trust on customer-seller relationships", *Psychology & Marketing*，Vol. 29, No. 5, 2012.

（1）因变量：公众共同生产行为

共享单车的共同生产包括多种形式，其中最明显的、与公共价值创造联系最紧密的形式就是公众在共享单车使用中的积极自我约束和主动参与监管维护。本研究从律己和律他两个维度出发，将公众共同生产行为分为公众被动遵从服务规范行为（Obey Behavior, OB）和主动参与监管维护行为（Maintenance Behavior, MB），在通过因子分析的检验后，作为实证研究的结果变量。

为了测量公众的共同生产行为，本研究借鉴了顾丽梅、艾克（Eijk）、李秋成等学者的量表并据共享单车的具体情境进行了修改，采用分别用 4 个题目对共享单车共同生产的两个维度进行测量，形成 8 个问卷题项组成的量表。对于遵从行为的测量，问卷题项包括"我总能做到将共享单车停放在规范停放点内""我从不会为了个人骑行方便将共享单车据为己有""我从来没有过涂抹车牌等破坏共享单车的行为""骑行共享单车时，我总能自觉做到遵守交通规则"。对于监管维护行为，问卷题项包括"看到其他人乱停放、私占或破坏共享单车时，我会尽力劝阻""看到被恶意破坏的共享单车时候，我会向单车企业反馈举报""我会参与共享单车的用户调查向企业提出相关的问题和建议""我会参加关于共享单车的相关志愿服务活动"（见表 5-3）。

表 5-3　公众共同生产行为的探索性因子分析

量表题项	因子 1	因子 2
	因子载荷	因子载荷
我从不会为了个人骑行方便将共享单车据为己有	0.852	
我总能做到将共享单车停放在规范停放点内（白线区域）	0.851	
我从来没有过涂抹车牌等破坏共享单车的行为	0.842	
骑行单车时，我总能自觉做到遵守交通规则	0.817	
看到其他人乱停放、私占或破坏共享单车时，我会尽力劝阻		0.884
看到被恶意破坏共享单车时，我会向单车企业反馈举报		0.858

续表

量表题项	因子1	因子2
	因子载荷	因子载荷
我会参与共享单车的用户调查向企业提出相关的问题和建议		0.846
我会参加关于共享单车的相关志愿服务活动		0.835
对总方差的解释比例	77.72%	
克朗巴哈系数（Cronbach Alpha）	0.894	0.911
因子命名	遵从服务规范行为	参与监管维护行为

注：KMO = 0.76；巴特利特球形检验显著（p<0.001）。

为了检验初始量表的可靠性，本研究借助 SPSS 24.0 软件，采用最常用的克朗巴哈系数（Cronbach Alpha）进行检验。若系数大于 0.7，说明该测量工具非常理想。公众共同生产行为量表的内部一致性，即 α 系数为 0.896，远超推荐值 0.7，说明该测量工具拥有较好的稳定性，量表整体上具有良好的信度（见表5-3）。为了检验量表结构的有效性，本研究使用探索性因子分析（EFA）进行了进一步检验。因子分析结果显示，KMO 检验结果为 0.874，超过 0.5 的推荐标准，巴特利特（Bartlett）球形检验所得近似卡方值在 P<0.001 的水平上显著，表明该量表适合做因子分析。最终，量表共提取出 2 个公因子，符合本研究的理论模型设计，累计解释了 77.72% 的总方差，解释率较好。因子 1 汇聚的题项反映了公众遵从服务规范的行为意愿，将其命名为"遵从服务规范行为"。因子 2 的题项体现了公众主动参与监管维护的行为意愿，将其命名为"参与监管维护行为"。其中，构念"遵从服务规范行为"的测量问卷题项的标准化因子载荷依次为 0.852、0.851、0.842、0.817；构念"参与监管维护行为"测量问卷题项的标准化因子载荷依次为 0.884、0.858、0.846、0.835，均大于 0.5 的标准，说明测量题目的信度良好。因此可确定，公众共同生产行为量表及其组成部分具有良好的信度和效度。最后，将上

述两个因子的各自 4 个问卷题项分别相加取其平均数，得到描述公众遵从服务规范行为和参与监管维护行为的变量，作为衡量公众参与共享单车共同生产的主要指标。

（2）自变量：社会心理因素

社会心理因素是公众参与共同生产和创造公共服务价值的内在心理动机。当公众将自己的需求与服务的属性进行匹配，认为一致性程度较高时，就会对该品牌或服务产生高度认同感。对服务认同（Service Identification, SI）的测量，本研究借鉴黄京华、里奥等学者的研究成果，使用 4 个问卷题项来进行测量，包括"文明骑行共享单车符合我的个性形象""我认同共享单车提倡的绿色出行价值观""我认同共享单车在日常交通出行中发挥的重要作用""我是共享单车服务的积极支持者"。对结果期望（Outcome Expectation, OE）的测量，借鉴了顾丽梅和艾克等学者的量表，采用 4 个题项对该变量进行测量。"我相信，我的规范使用共享单车的行为能有助于改善我居住地区的市容面貌""我相信，我的规范使用共享单车的行为有助于改善我居住环境的交通秩序""我相信，我的规范使用共享单车的行为能有助于为其他市民的出行提供便利""我相信，我主动参与共享单车管理维护行为有助于促进共享单车的可持续发展"。对自我效能（Self-efficacy, SE）的测量借鉴了顾丽梅和艾克等学者开发的量表，采用 4 个题项对该变量进行测量。分别为"对我而言，文明骑行和规范停放共享单车是一件很容易做到的事""我经常活动的区域有完善的基础设施确保规范停放共享单车（如白线停放区域、电子围栏、推荐停车点等）""我对共享单车的使用规范足够了解，知道如何才算文明骑行、规范使用共享单车""我相信，我有足够的能力能参与到共享单车服务的管理维护中"。

收集数据后，对量表进行了信效度检验。服务认同（SI）量表的内部一致性系数为 0.930，结果期望（OE）量表的内部一致性系数为

0.898，自我效能（SE）量表的内部一致性系数为0.921，远超推荐值0.7。然后通过因子分析进一步检验问卷结构有效性，对于服务认同、结果期望和自我效能，每个变量的KMO值分别为0.842、0.822和0.854，均超过0.5的标准，且巴特利特（Bartlett）球形检验所得近似卡方值在p<0.001的水平上显著。其中，服务认同各题项的因子载荷分别为0.926、0.917、0.911和0.887，均大于0.5的标准，全部保留。结果期望各题项的因子载荷分别为0.904、0.887、0.882和0.826，均大于0.5的标准，全部保留。自我效能各题项的因子载荷分别为0.929、0.906、0.895和0.868，全部保留。因此，量表及其组成部分具有良好的信度和效度。在此基础上，将上述三个变量对应的题项得分分别相加取其平均数，得到影响公众社会生产的内部心理因素变量，并作为回归方程的自变量。

（3）自变量：社会交换因素

社会交换因素是调动公众参与共同生产的重要影响因素。为了引导公众规范停放和文明骑行共享单车，管理者通过物质、精神和社交等多种方式鼓励公众参与共同生产。其中，对物质激励（Material Incentives，MIN）的测量使用4个题项，包括"我的乱停放、私占、破坏等非文明使用共享单车行为会使我的利益受到损害""我的文明骑行与停放共享单车行为能够使我获得信用积分奖励""我曾因乱停放、私占和破坏等非文明使用共享单车行为而受到处罚""我曾因主动参与共享单车维护管理等活动而受到企业给予的奖励"。对精神激励（Intrinsic Spiritual Incentives，ISI）的测量使用以下4个题项，包括"我主动参与共享单车维护管理的行为会使我受到表彰""我曾因为做到文明骑行、停放共享单车而受到表彰""乱停乱放共享单车行为可能会被他人批评和制止""我曾因将共享单车据为己有而被人批评制止"。对社交激励（Solidary Incentives，SIN）的测量使用4个题项，包括"我周围的人如家人和朋友都能够规范停放

及文明骑行共享单车""对我有影响的人如老师和领导鼓励我主动参与共
享单车的维护管理""我主动参与共享单车的维护管理行为会受到周围人
的赞扬""我的乱停乱放和私占破坏等非文明使用共享单车行为会受到他
人谴责"。对规范感召（Expressive Values Incentives, EVI）的测量用4个
题项进行，包括"乱停乱放共享单车是不文明的行为""为了个人骑行方
便而将共享单车据为己有会使我内心不安""我认为，乱停乱放、私占和
破坏共享单车违背了我的价值观念""主动参与共享单车监管维护会给我
带来成就感"。

收集数据后，相关变量量表的信度检验结果显示，物质激励（MIN）
量表的克朗巴哈系数为0.828，精神激励（ISI）的克朗巴哈系数为
0.768，社交激励（SIN）的克朗巴哈系数为0.858，规范感召（EVI）
的克朗巴哈系数为0.903均超过推荐值0.7。然后通过因子分析进一步
检验问卷结构有效性，对于物质激励、精神激励、社交激励和规范感
召，每个变量的KMO值分别为0.772、0.774、0.777和0.825，均超
过0.5的标准，且巴特利特（Bartlett）球形检验所得近似卡方值在 P <
0.001的水平上显著。其中，物质激励各题项的因子载荷分别为
0.847、0.818、0.808和0.777，均大于0.5的标准，全部保留。精神
激励各题项的因子载荷分别为0.792、0.784、0.755和0.740，均大于
0.5的标准，全部保留。社交激励各题项的因子载荷分别为0.859、
0.847、0.835和0.840，均大于0.5的标准，全部保留。规范感召各题
项的因子载荷分别为0.902、0.902、0.862和0.858，全部保留。因
此，量表及其组成部分具有良好的信度和效度。将上述四个变量对应的
题项得分分别相加取其平均数，得到影响公众社会生产的外部心理因素
变量，并作为回归方程的自变量。

（4）调节变量：社会环境因素

信任是共享经济发展的基石，宏观信任环境对公众的共同生产行为

具有重要影响。结合格雷森、汉森以及王晓玉等学者对社会宏观信任的测量方式，本研究通过 4 个题项对社会信任（Social Trust，ST）进行测量。包括"我相信，未来共享单车会一直存在并逐步向规范化发展""总的来说，我认为共享单车企业遵守了对用户的承诺""我相信，大部分人会按要求文明骑行和规范使用共享单车""我相信，政府部门能够对共享单车等进行有效管理"。

社会信任（ST）量表的内部一致性系数为 0.887，超过推荐值 0.7。在因子分析结果中，社会信任的 KMO 值分别为 0.817，超过 0.5 的标准，且巴特利特（Bartlett）球形检验所得近似卡方值在 P<0.001 的水平上显著。此外，社会信任各题项的因子载荷分别为 0.873、0.873、0.864 和 0.850，均大于 0.5 的标准，全部保留。因此，量表及其组成部分具有良好的信度和效度。最后，将社会信任维度所对应的 4 个题项得分分别相加取其平均数，得到影响公众社会生产的外部环境因素变量，并作为回归方程的自变量。

（5）控制变量：骑行者属性

人口统计学变量也是影响公众参与共享单车服务共同生产的重要因素。在本研究中，将性别变量转化为虚拟变量处理，即女性赋值为 0，男性为 1，年龄是受访者实际年龄构成的连续变量，赋值为：1 = 12~18 岁、2 = 19~25 岁、3 = 26~35 岁、4 = 36~45 岁、5 = 46 及以上。受教育程度变量和收入情况变量采用分类变量，受教育程度赋值为：1 = 高中及以下、2 = 专科、3 = 大学本科、4 = 研究生及以上。收入赋值为：≤2500 元为 1、2501~5000 元为 2、5001~7500 元为 3、7501~10000 元为 4、>10000 元为 5。周均骑行次数为类别变量，赋值为：1 = 5 次及以下、2 = 6~12 次、3 = 13~20 次、4 = 21 次及以上。需要说明的是，为了统计结果的精确性与研究的适用性，部分数据规模较少的组别在实际检验中进行了并组处理。其中，年龄变量中大于 46 岁的受访者仅为 58 人，占总人数的

7.21%，因此并入 36 岁至 45 岁这一组中，成为大于或者等于 36 岁的新组。此外，将收入在 10000 以上的受访者并入 7501 至 10000，成为大于等于 7501 的新组别。将周均骑行次数在 21 次以上人群并入 13 至 20 次中，成为周均骑行大于等于 13 次的新组别。

3. 分析方法

本章中的被解释变量为公众参与共享单车管理服务中的共同生产行为，包括遵从服务规范行为和参与监管维护行为两个维度。采用最小二乘分层回归模型，运用 SPSS 24.0 软件来探索关键概念之间的关系。具体来说，首先用 SPSS 软件对主要变量间的相关性进行检验以排除多重共线性的可能。其次，用多元回归方法验证自变量和因变量间的直接效应。最后通过层次回归方法检验调节变量在模型中是否存在调节效应。

三、描述性统计和相关分析

1. 主要变量的描述性统计

在进行多元回归分析之前，对研究中各变量进行描述性统计分析，可以更好地了解样本数据的基本特征和差异趋势。本研究中各个变量的均值、最大值、最小值、标准差等见表 5-4。

表 5-4　变量描述性统计分析

类别	变量	变量英文名	平均值	标准差	最小值	最大值
控制变量	性别	Sex	0.511	0.500	0	1
	年龄	Age	2.548	0.988	1	4
	教育程度	Education	2.502	1.152	1	4
	月收入	Income	2.470	1.131	1	4
	使用频率	Usage rate	1.740	0.698	1	3

续表

类别	变量	变量英文名	平均值	标准差	最小值	最大值
自变量	服务认同	SI	5.626	1.450	1	7
	结果期望	OE	5.600	1.294	1	7
	自我效能	SE	5.199	1.394	1	7
	物质激励	MIN	4.826	1.662	1	7
	精神激励	ISI	4.566	1.624	1	7
	社交激励	SIN	5.127	1.816	1	7
	规范感召	EVI	5.498	1.475	1	7
因变量	遵从服务规范行为	OB	5.981	1.154	1	7
	参与监管维护行为	MB	5.354	1.499	1	7
调节变量	社会信任	ST	5.892	1.010	1	7

（1）因变量：公众的遵从服务规范行为和参与监管维护行为

主要考察了受访者对共享单车服务共同生产的参与情况，并提炼出公因子作为研究的被解释变量。结果显示，受访者对自己能够遵从共享单车服务规范的描述相对较高（5.981），主动参与共享单车服务监督管理活动的描述相对较低（5.354），但仍处于中等偏上水平。这与访谈中政府人员和企业管理者的描述基本一致。在政府加强对共享单车的监管后，企业开始注重单车的调度和管理，并和政府、志愿者一起规范引导公众的使用行为。从2018下半年开始，主要街道上的乱停乱放、破坏以及私占现象大幅减少，企业也开始与"单车猎人"志愿者重新展开合作，为志愿者们提供必要的技术和信息。但是，这一切管理措施也带来共享单车企业成本迅速上升，探索有效的盈利模式仍然任重而道远。

（2）自变量：社会心理因素、社会交换因素

依据表5-4数据显示，社会心理因素中服务认同、结果期望和自我效能，这三个自变量的均值大于5。这说明受访者对这三方面的描述总体上是比较认同的。社会交换因素中的四个变量虽然均大于均值4，但受访

者对社交激励和规范感召的感知更强，而对由管理者所实施的物质激励和精神激励的感知则相对较弱。这说明受访者可能受到社会文化和社会心理方面的影响更强，而企业和政府实施的激励管理措施相对不足，导致公众对此的感受不足。

（3）调节变量：社会信任

社会信任反映了公众对共享单车服务的信任程度。依据表5-4数据显示，尽管我国共享单车企业经历了大量破产倒闭、押金难退以及融资圈钱等危机，受访者对共享单车服务的信任水平仍处于中等偏上水平（5.892），这说明随着共享单车已经融入城市交通体系及人们的日常生活中，并且逐步得到人们的认可与信任，正在向着可持续发展方向前进。

（4）控制变量：骑行者属性

骑行者属性的描述性统计说明，共享单车的使用者以年轻人为主，学生和上班族占到很大比重，不同群体特征的差异可能会导致人们做出不同的共同生产决策。

2. 变量相关性分析

在进行回归分析之前，对准备纳入逐步回归模型的主要变量进行相关性分析，这有助于初步确认变量间关系并排除多重共线性。主要变量间的皮尔逊相关分析结果见表5-5。结果显示，研究中变量间存在着显著的相关性。首先，人口统计变量中的性别（$r = -0.073$，$p < 0.05$）、收入（$r = -0.174$，$p < 0.01$）与遵从服务规范行为负相关，性别与参与监管维护行为无明显相关关系，但收入（$r = -0.167$，$p < 0.01$）与参与监管维护行为呈现显著的负相关。年龄（$r = 0.296$，$p < 0.01$）、受教育程度（$r = 0.269$，$p < 0.01$）和共享单车使用率（$r = 0.117$，$p < 0.01$）与遵从服务规范行为呈现正相关，除了年龄（$r = -0.247$，$p < 0.01$）与参与监管维护行为呈负相关外，受教育程度（$r = 0.182$，$p < 0.01$）和单车使用率（$r = 0.188$，$p < 0.01$）与参与监管维护行为均呈显著的正相关。其次，社会心

理因素中的服务认同（r=0.379，p<0.01）、结果期望（r=0.406，p<0.01）以及自我效能（r=0.375，p<0.01）和遵从服务规范行为之间呈现出显著的正相关关系，同时，服务认同（r=0.433，p<0.01）、结果期望（r=0.295，p<0.01）以及自我效能（r=0.327，p<0.01）和参与监管维护行为之间也呈现出正相关关系，表明公众对共享单车服务越认同就越认为自己具有遵守单车规范和参与监管的能力，并且认为自己的行为能够提升共享单车服务公共价值时，就越可能参与到共同生产中。再次，社会交换因素中的物质激励（r=0.447，p<0.01）、精神激励（r=0.428，p<0.01）、社交激励（r=0.270，p<0.01）及规范感召（r=0.436，p<0.01）和遵从服务规范行为间呈现出显著的正相关关系，同时物质激励（r=0.383，p<0.01）、精神激励（r=0.390，p<0.01）、社交激励（r=0.276，p<0.01）及规范感召（r=0.431，p<0.01）和参与监管维护行为之间也呈现出正相关关系，表明公众受到物质、精神、社交和社会规范的激励越大，他们越可能做出共同生产行为。最后，社会环境因素中的社会信任（r=0.144，p<0.01）与遵从服务规范行为呈正相关关系，且社会信任（r=0.085，p<0.05）与参与监管维护行为也呈正相关关系，表明公众对共享单车服务越信任，越可能参与到共享单车服务的共同生产中。这些分析结果在一定程度上解释了变量之间的关系，但仍有待于通过多元回归方法进一步证实。

相关分析不仅能为自变量和因变量之间的因果关系提供预分析，还可以借此判断多元回归分析是否存在多重共线性问题。因此，本研究继续考察自变量之间、自变量与调节变量间的相关关系。根据表5-5，绝大多数的变量存在一定的显著性相关关系，但相关系数并不高，处于可接受范围内（r<0.8），故初步判定各变量间存在严重的多重共线性问题的可能性较低。为了进一步判断和排除多元回归中可能存在的多种共线性问题，本研究对各主要变量的方差膨胀因子（VIF，Variance Inflation Factor）和容忍度（Tolerance）进行检验。检验结果发现，方差膨胀因子均处于 1.074 至 2.457 之间，均值为 1.552，小于 10。各变量容忍度最小值为 0.407，均值为 0.686，大于 0.1。由此可以确认多重共线性问题并不存在（见表 5-6）。

表 5-5 变量间皮尔逊相关性分析（N=805）

变量	1	2	3	4	5	6	7	8	9	10	11	12	13	14	15
1 Sex	—														
2 Income	-0.189**	—													
3 Age	-0.154**	0.721**	—												
4 Education	-0.065	0.058	-0.048	—											
5 Usage rate	0.095**	-0.260**	-0.183**	-0.017	—										
6 OB	-0.073*	-0.174**	-0.296**	0.269**	0.117**	—									
7 MB	-0.067	-0.167**	-0.247**	0.182**	0.188**	0.508**	—								
8 SI	-0.052	-0.042	-0.118**	0.181**	0.021	0.379**	0.433**	—							
9 OE	0.074*	-0.153**	-0.181**	0.147**	0.027	0.406**	0.295**	0.304**	—						
10 SE	-0.064	-0.048	-0.062	0.104**	-0.006	0.375**	0.327**	0.250**	0.411**	—					
11 MIN	-0.068	-0.094**	-0.206**	0.141**	0.057	0.447**	0.383**	0.357**	0.339**	0.353**	—				
12 ISI	-0.022	-0.139**	-0.193**	0.133**	0.054	0.428**	0.390**	0.285**	0.345**	0.263**	0.485**	—			
13 SIN	0.051	-0.150**	-0.185**	0.100**	0.100**	0.270**	0.276**	0.301**	0.235**	0.253**	0.334**	0.363**	—		
14 EVI	-0.05	-0.104**	-0.170**	0.099**	0.082*	0.436**	0.431**	0.392**	0.313**	0.275**	0.353**	0.496**	0.299**	—	
15 ST	-0.01	0.188**	0.038	0.117**	-0.01	0.144**	0.085*	0.146**	0.061	0.139**	0.116**	0.221**	0.532**	0.180**	—

注：***、**、*表示回归系数在 1%、5% 和 10% 的显著性水平下统计显著

表5-6 多重共线性检验结果

变量	变量英文名	系数	公差
性别	Sex	1.076	0.929
月收入	Income	2.457	0.407
年龄	Age	2.247	0.445
受教育程度	Education	1.074	0.931
使用率	Usage rate	1.087	0.920
服务认同	SI	1.346	0.743
结果期望	OE	1.409	0.710
自我效能	SE	1.331	0.751
物质激励	MIN	1.572	0.636
精神激励	ISI	1.657	0.604
社交激励	SIN	1.793	0.558
规范感召	EVI	1.515	0.660
社会信任	ST	1.611	0.621
均值	AVG	1.552	0.686

四、实证分析和假设检验

本研究逐次将人口统计变项、社会心理因素和社会交换因素带入模型中，分析这些因素影响公众遵从服务规范行为和参与监管维护行为的方式和程度。表5-7（a）呈现了社会交换因素和社会心理因素影响公众共同生产行为的层次回归结果。在模型1和模型4中，分别带入了受访者的性别、年龄、收入、受教育程度和使用频率。结果表明，性别、年龄与共同生产行为均为负向相关。这说明女性比男性更可能遵守共享单车服务规范和主动参与管理，年轻人比中年人更具有参与共享单车服务共同生产的积极性。受教育程度和使用率与公众共同生产均呈显著的正相关关系，说明学历越高者且经常使用共享单车的人会更主动地参与共享单车服务共同生产活动，并且遵从共享单车服务规范和参与管理。但是，收入与公众共同生产行为并无显著的关系，说明收入水平并不会影响人们在共享单车服务中的遵从服务规范和参与管理的行为。

在模型 2 和 5 中，进一步加入了社会心理变量，即服务认同、结果期望和自我效能，决定系数（R^2）相较于模型 1（$\Delta R^2 = 0.192$，$F = 56.464$，$P<0.001$）和模型 4（$\Delta R^2 = 0.192$，$F = 45.739$，$P<0.001$）分别得到显著的大幅度提升，这表明加入新解释变量后的模型具有更强的解释能力，社会心理变量是共享单车服务共同生产行为的重要预测因子。表 5-7（a）中的回归结果显示，服务认同、结果期望和自我效能均与公众共同生产行为显著相关，这三个社会心理变量可以积极促进人们遵从单车服务规范（$\beta = 0.161$，$P<0.001$；$\beta = 0.181$，$P<0.001$；$\beta = 0.171$，$P<0.001$）和主动参与监管维护的行为（$\beta = 0.33$，$P<0.001$；$\beta = 0.092$，$P<0.05$；$\beta = 0.207$，$P<0.001$）。公众越认同共享单车服务的公共价值，就会越认为自己具有共同生产能力，并且认为遵从服务规范和参与监管维护有助于提升公共价值。假设 5（即服务认同对公众遵从服务规范行为和参与监管维护行为存在显著的正向影响）、假设 6（自我效能对公众遵从服务规范行为和参与监管维护行为存在显著的正向影响）和假设 7（结果期望对公众遵从服务规范行为和参与监管维护行为）得到证实。但是社会心理因素对公众共同生产行为的影响程度却有区别。据表 6-7（b）显示，服务认同（$\beta = 0.203$，$P<0.001$）、结果期望（$\beta = 0.203$，$P<0.001$）和自我效能（$\beta = 0.206$，$P<0.001$）对公众遵从共享单车服务规范行为的影响差异较小，但是对较为复杂的主动参与监督管理的行为则显示出较大差异。其中，服务认同（$\beta = 0.319$，$P<0.001$）最强，自我效能感（$\beta = 0.192$，$P<0.001$）次之，结果期望（$\beta = 0.080$，$P<0.05$）最低。特别是在此模型中进一步加入社会交换因素后，结果期

望对共同生产的影响不再显著（β＝0.015，P＞0.05），这说明对共享单车服务模式的认可能够在促进人们参与监管维护积极性方面发挥着重要作用，同时人们也在衡量自身参与管理的能力和条件。当他们觉得自身具备这些能力时，即使觉得自己的行为并不能改善当前结果或实现公共服务价值的提升时，仍然愿意付出努力，主动参与到共享单车服务的监督管理之中。

模型3和6进一步带入社会交换因素后，决定系数（R^2）相较于模型2（ΔR^2＝0.068，F＝49.714，P＜0.001）和5（ΔR^2＝0.058，F＝39.327，P＜0.001）分别得到大幅度提升，这表明加入新解释变量后的模型具有更强的解释能力。但是从解释能力上升的幅度看，社会交换因素的影响力小于带入社会心理因素的影响力，说明社会心理因素对共同生产行为的影响更大，但这一结论仍需要进一步分析。表5-7（a）中的回归结果显示，物质激励、精神激励和规范感召均与公众共同生产行为显著相关，这三个社会交换变量可以积极促进人们遵从单车服务规范（β＝0.097，P＜0.001；β＝0.082，P＜0.01；β＝0.122，P＜0.001）和主动参与监管维护的行为（β＝0.074，P＜0.05；β＝0.106，P＜0.01；β＝0.169，P＜0.001）。这说明当人们感受到参与共享单车管理带来的物质、精神自利以及道德自我认同感，并且可能参与共同生产。但是，社会激励与公众共同生产行为并未显著相关，说明社会激励并不会对人们遵从服务规范行为（β＝-0.009，P＞0.05）和参与监管维护行为（β＝0.007，P＞0.05）产生明显的影响力。假设1（即物质激励对公众遵从服务规范行为和参与监管维护行为存在显著的正向影响）、假设2（即精神激励对公众遵从服务规范行为和参与监管维护行为存在显著的正向影响）和假设4（即规范感召对公众遵从服务规范行为和参与监管维护行为存在显著的正向影响）得到证实，假设3（即社交激励对公众遵从服务规范行为和参与监管维护行为存在显著的正向影响）被拒绝。表5-7（b）具体分析了社会交换因素中不同变量对公众共同生产行为影响的差异。对于遵从服务规范行为，规范感召（β＝0.156，P＜0.001）发挥了最为重要的作用，其次为物质激励（β＝0.139，P＜0.001）和精神激励（β＝0.116，P＜0.01）。但是对于参与监管维护行为，除了规范感召（β＝0.167，P＜0.001）仍然是影响最大的因素外，精神激励（β＝0.115，P＜0.01）比比物质激励（β＝0.082，P＜0.05）对人们的行为影响更大、更明显。特别是物质激励，对于公众遵从服务规范行为影响较大，对于参与监管维护行为影响变小。

表5-7（a） 公众共同生产行为影响因素的层级回归分析结果（N＝805）

自变量	遵从服务规范行为					
	模型1		模型2		模型3	
	回归系数	标准误	回归系数	标准误	回归系数	标准误
性别	−0.243**	0.076	−0.208**	0.067	−0.153**	0.064
年龄	−0.367***	0.055	−0.292***	0.048	−0.223***	0.047
收入	0.041	0.049	0.054	0.043	0.036	0.041
受教育程度	0.247***	0.033	0.162***	0.029	0.152***	0.028
使用率	0.139*	0.055	0.144**	0.049	0.115*	0.046
服务认同			0.161***	0.024	0.087***	0.025
结果期望			0.181***	0.029	0.118***	0.028
自我效能			0.171***	0.026	0.120***	0.026
物质激励					0.097***	0.023
精神激励					0.082**	0.024
社交激励					−0.009	0.019
规范感召					0.122***	0.026
常数项	6.078***	0.187	3.235***	0.247	2.716***	0.243
Adjusted R^2	0.165		0.356		0.421	
R^2	0.170		0.362		0.430	
F	32.683***		56.464***		49.714***	
ΔR^2	0.170		0.192		0.068	
ΔF	32.683***		79.951***		23.467***	

续表

自变量	参与监管维护行为					
	模型 4		模型 5		模型 6	
	回归系数	标准误	回归系数	标准误	回归系数	标准误
性别	−0.314**	0.101	−0.232*	0.091	−0.173*	0.087
年龄	−0.362***	0.073	−0.262***	0.065	−0.185**	0.064
收入	0.024	0.065	0.02	0.058	0.006	0.056
受教育程度	0.215***	0.044	0.105**	0.039	0.093*	0.038
使用率	0.347***	0.074	0.346***	0.065	0.308***	0.063
服务认同			0.33***	0.033	0.239***	0.034
结果期望			0.092*	0.039	0.017	0.039
自我效能			0.207***	0.035	0.149***	0.035
物质激励					0.074*	0.032
精神激励					0.106**	0.033
社交激励					0.007	0.026
规范感召					0.169***	0.035
常数项	5.236***	0.249	1.775***	0.332	1.105**	0.33
Adjusted R^2	0.118		0.308		0.364	
R^2	0.123		0.315		0.373	
F	22.459***		45.739***		39.327***	
ΔR^2	0.123		0.192		0.058	
ΔF	22.459***		74.244***		18.471***	

注：* P<0.05，** P<0.01，*** P<0.001。所有回归系数都是非标准化的 beta。结果保留 3 位小数。

表 5-7（b） 公众共同生产行为影响因素的层级回归分析结果（N=805）

自变量	遵从服务规范行为			参与监管维护行为		
	模型 1	模型 2	模型 3	模型 4	模型 5	模型 6
性别	-0.105**	-0.090**	-0.066**	-0.105**	-0.077*	-0.058*
	(-3.195)	(-3.093)	(-2.379)	(-3.092)	(-2.562)	(-1.983)
年龄	-0.314***	-0.250***	-0.191***	-0.239***	-0.173***	-0.122**
	(-6.689)	(-6.025)	(-4.774)	(-4.954)	(-4.008)	(-2.903)
收入	0.040	0.052	0.036	0.018	0.015	0.004
	(0.841)	(1.241)	(0.885)	(0.374)	(0.349)	(0.103)
受教育程度	0.246***	0.162**	0.152***	0.165***	0.081**	0.072*
	(7.555)	(5.537)	(5.456)	(4.921)	(2.664)	(2.459)
使用率	0.084*	0.087***	0.069*	0.161***	0.161***	0.143***
	(2.512)	(-3.195)	(2.479)	(4.698)	(5.290)	(4.886)
服务认同		0.203***	0.110***		0.319***	0.231***
		(6.652)	(3.534)		(10.096)	(7.076)
结果期望		0.203***	0.132***		0.080*	0.015
		(6.227)	(4.155)		(2.364)	(0.446)
自我效能		0.206***	0.145***		0.192***	0.139***
		(6.537)	(4.686)		(5.890)	(4.272)
物质激励			0.139***			0.082*
			(4.162)			(2.352)
精神激励			0.116**			0.115**
			(3.361)			(3.189)
社交激励			-0.014			0.009
			(-0.471)			(0.274)
规范感召			0.156***			0.167***
			(4.739)			(4.818)
Adjusted R^2	0.165	0.356	0.421	0.118	0.308	0.364
R^2	0.170	0.362	0.430	0.123	0.315	0.373
F	32.683***	56.464***	49.714***	22.459***	45.739***	39.327***
ΔR^2	0.170	0.192	0.068	0.123	0.192	0.058
ΔF	32.683***	79.951***	23.467***	22.459***	74.244***	18.471***

注：***、**、*分别表示1%、5%和10%的显著性水平；括号内为稳健标准误。

在检验主效应的基础上，本研究通过层级回归方法进一步检验了社会信任的调节作用。该方法要求把人口统计变量、部分核心自变量和调节变量以及相应交乘项逐次带入回归模型中，主要是看调节变量和自变量的交互项进入回归模型后，决定系数（R^2）是否得到显著提升，以及相应的交互项是否显著（小于 0.01）。为了降低多重共线性问题，自变量和调节变量进行了中心化处理。表 5-8（a）提出了社会信任对核心影响因素与遵从服务规范行为关系的调节作用结果。在模型 2b 中，服务认同和社会信任的交互项对公众的遵从行为产生了显著正向影响（$\beta = 0.27$，$p<0.001$），决定系数（R^2）得到显著提升（$\triangle R^2$ 提升了 0.07，$\triangle F$ 是显著的）表明社会信任具有调节作用，即当社会信任程度较高时，服务认同对公众遵从服务规范行为的影响将会增强，假设 H9a（即社会信任正向调节服务认同与公众遵从服务规范行为之间的关系）得到验证。同理，在模型 3b、4b、5b、6b 和 7b 中，结果预期、自我效能、物质激励、精神激励和规范感召相应的交互项对公众的遵从服务规范行为产生了显著正向影响（$\beta = 0.18$，$p<0.001$；$\beta = 0.10$，$p<0.01$；$\beta = 0.17$，$p<0.001$；$\beta = 0.17$，$p<0.001$；$\beta = 0.24$，$p<0.001$），同时决定系数（R^2）均得到显著提升，回归结果更好，表明存在社会信任调节效果。当社会信任程度较高时，社会心理因素中的结果预期、自我效能以及社会交换因素中的物质激励、精神激励和规范感召对公众遵从行为的积极影响将会增强，假设 H8b、H8c、H8d、H8e 和 H8g 得到支持。表 6-8（b）显示出社会信任对核心影响因素与公众参与监管维护行为关系的调节作用结果。在模型 2b、3b、4b、5b 和 6b 中，服务认同、自我效能、物质激励、精神激励和规范感召相应的交互项对公众参与监管维护行为产生了显著正向影响（$\beta = 0.22$，$p<0.001$；$\beta = 0.08$，$p<0.05$；$\beta = 0.19$，$p<0.001$；$\beta = 0.15$，$p<0.001$；$\beta = 0.19$，$p<0.001$），同时决定系数（R^2）均得到显著提升，模型回归结果更好，表明存在社会信任的调节效果。当社会信任程度较高时，社会心理因素中的服务认同、自我效能，以及社会交换因素中的物质激励、精神激励和规范感召对公众参与监管维护行为的积极

影响将增强，假设 H11a（即社会信任正向调节服务认同与公众参与监管维护行为之间的关系）、H11b（即社会信任正向调节自我效能与公众参与监管维护行为之间的关系）、H10a（即社会信任正向调节物质激励与公众参与监管维护行为之间的关系）、H10b（即社会信任正向调节精神激励与公众参与监管维护行为之间的关系）和 H10d（即社会信任正向调节规范感召与公众参与监管维护行为之间的关系）得到支持。

表 5-8（a）　社会信任对核心影响因素与遵从服务规范行为关系的
调节效应模型结果（N=805）

变量	因变量 = OB						
	模型 1	模型 2a	模型 2b	模型 3a	模型 3b	模型 4a	模型 4b
Sex	−0.11**	−0.09**	−0.08**	−0.13***	−0.12***	−0.08**	−0.08*
Income	0.04	0.01	−0.04	0.03	0.01	0.03	0.01
Age	−0.31***	−0.25***	−0.22***	−0.25***	−0.25***	−0.29***	−0.27***
Education	0.25***	0.19***	0.15***	0.19***	0.18***	0.21***	0.21***
Usage rate	0.08*	0.08*	0.04	0.08**	0.08*	0.09**	0.09**
SI		0.30***	0.28***				
OE				0.34***	0.30***		
SE						0.32***	0.30***
MIN							
ISI							
EVI							
ST		0.09**	0.12***	0.11***	0.09**	0.08**	0.10**
SI×ST			0.27***				
OE×ST					0.18***		
SE×ST							0.10**
MIN×ST							
ISI×ST							
EVI×ST							
R^2	0.17	0.27	0.34	0.29	0.32	0.28	0.29
F	32.68***	41.44***	50.17***	46.94***	47.53***	45.18***	41.33***
ΔR^2	0.17	0.10	0.07	0.12	0.03	0.11	0.01
ΔF	32.68***	52.74***	81.87***	68.74***	36.84***	63.61***	10.60**

续表

变量	因变量 = OB					
	模型 5a	模型 5b	模型 6a	模型 6b	模型 7a	模型 7b
Sex	−0.08*	−0.06*	−0.09**	−0.08*	−0.08**	−0.08**
Income	−0.02	−0.05	0.03	−0.02	0.01	−0.05
Age	−0.20***	−0.18***	−0.25***	−0.21***	−0.24***	−0.19***
Education	0.20***	0.18***	0.20***	0.19***	0.21***	0.18***
Usage rate	0.07*	0.05	0.07*	0.06	0.06	0.03
SI						
OE						
SE						
MIN	0.36***	0.33***				
ISI			0.34***	0.31***		
EVI					0.36***	0.34***
ST	0.09**	0.08*	0.05	0.08*	0.06*	0.13***
SI×ST						
OE×ST						
SE×ST						
MIN×ST		0.17***				
ISI×ST				0.17***		
EVI×ST						0.24***
R^2	0.30	0.33	0.29	0.32	0.30	0.36
F	49.11***	48.86***	46.35***	46.03***	49.16***	54.71***
ΔR^2	0.13	0.03	0.12	0.03	0.13	0.05
ΔF	75.04***	33.18***	67.02***	31.42***	75.18***	65.64***

注：* $P<0.05$，** $P<0.01$，*** $P<0.001$。所有回归系数都是标准化的 beta。结果保留 2 位小数

表 5-8（b） 社会信任对核心影响因素与参与监管维护行为
关系的调节效应模型结果（N=805）

变量	因变量 = MB				
	模型 1	模型 2a	模型 2b	模型 3a	模型 3b
Sex	-0.11^{***}	-0.08^{**}	-0.07^{*}	-0.09^{**}	-0.08^{*}
Income	0.02	-0.01	-0.04	0.02	0.01
Age	-0.24^{***}	-0.18^{***}	-0.15^{**}	-0.22^{***}	-0.21^{***}
Education	0.17^{***}	0.10^{**}	0.07^{*}	0.13^{***}	0.13^{***}
Usage rate	0.16^{***}	0.16	0.13^{***}	0.16^{***}	0.16^{***}
SI		0.38^{***}	0.37^{***}		
SE				0.29^{***}	0.28^{***}
MIN					
ISI					
EVI					
ST		0.03	0.06	0.04	0.05
SI×ST				0.22^{***}	
SE×ST					0.08^{*}
MIN×ST					
ISI×ST					
EVI×ST					
R2	0.12	0.27	0.31	0.21	0.22
F	22.46^{***}	41.19^{***}	44.67^{***}	30.34^{***}	27.38^{***}
ΔR2	0.12	0.14	0.04	0.09	0.01
ΔF	22.46^{***}	77.30^{***}	50.95^{***}	43.99^{***}	5.49^{*}

续表

变量	因变量 = MB					
	模型 4a	模型 4b	模型 5a	模型 5b	模型 6a	模型 6b
Sex	−0.08*	−0.06*	−0.09**	−0.08*	−0.08*	−0.07*
Income	−0.02	−0.05	0.03	−0.02	0.01	−0.05
Age	−0.15**	−0.12**	−0.18***	−0.15**	−0.17***	−0.13**
Education	0.12***	0.11**	0.12***	0.11***	0.13***	0.10**
Usage rate	0.15***	0.13***	0.15***	0.14***	0.14***	0.11***
SI						
SE						
MIN	0.31***	0.29***				
ISI			0.33***	0.30***		
EVI					0.37***	0.36***
ST	0.05	0.03	0.01	0.03	0.01	0.06
SI×ST						
SE×ST						
MIN×ST		0.19***				
ISI×ST				0.15***		
EVI×ST						0.19***
R2	0.22	0.25	0.23	0.25	0.26	0.29
F	32.03***	33.57***	33.42***	32.77***	39.37**	40.81***
ΔR2	0.10	0.03	0.10	0.02	0.13	0.03
ΔF	49.20***	34.80***	53.45***	22.07***	71.69***	38.08***

注：$*P<0.05$，$**P<0.01$，$***P<0.001$。所有回归系数都是标准化的 beta。结果保留 2 位小数

　　为了更直观的展示社会信任的调节作用，按照艾肯（Aiken）和韦斯特（West）的程序绘制了简单斜率分析图（simple slope analysis）。[①] 图中变量的高低为均值加减一个标准差的值。图 5-2（a）为社会信任对社会

[①] Aiken L and West S, *Multiple Regression：Testing and Interpreting Interactions*, Thousand Oaks：Sage Publications Ltd, 1991, p. 211.

心理因素、社会信任因素及公众遵从服务规范行为间关系的影响。结果显示，这些核心因素与遵从行为之间关系根据社会信任度的高低而有所区别。当社会信任程度较高（虚线）时，服务认同、结果期望、自我效能、物质激励、精神激励和规范感召等与他们的遵从行为间呈现显著的正相关关系，且相关关系较大。而社会信任程度较低（实线）时，这些因素与遵从行为间的相关较小。这说明社会信任可以正向调节社会心理因素、社会交换因素以及公众遵从服务规范行为间的关系。

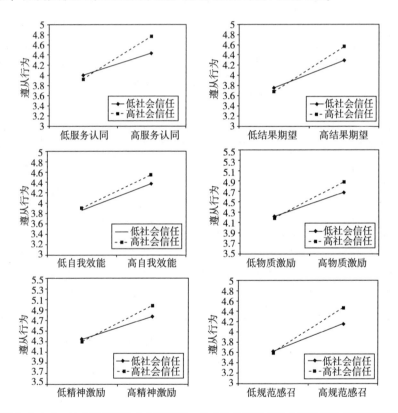

图 5-2（a）　社会信任对社会心理因素、社会交换因素与公众遵从行为关系的影响

图 5-2（b）为社会信任对社会心理因素、社会信任因素和公众参与监管维护行为间关系的影响。结果显示，这些核心因素与参与监管维护行为之间关根据社会信任度的高低而有所区别。当社会信任程度较高（虚线）时，服务认同、结果期望、自我效能、物质激励、精神激励和规

范感召等对维护行的正向影响较强。而社会信任程度较低（实线）时，这些因素与维护行为间的相关较小，影响较弱。这说明社会信任正向调节社会心理因素、社会交换因素以及公众参与监管维护行为间的关系。

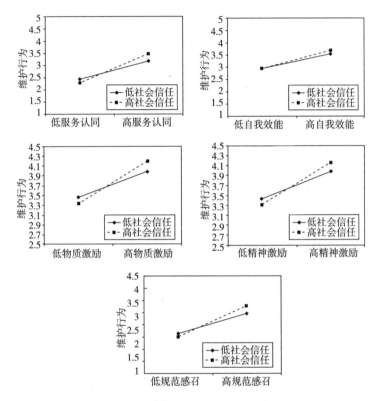

图 5-2（b）　社会信任对社会心理因素、社会交换因素与公众维护行为关系的影响

五、量化研究结果

通过上述实证分析，得到表 5-9 的假设检验结果。在社会心理因素中，服务认同和自我效能会正向影响公众的共同生产行为，但结果预期只会正向促进公众遵从共享单车服务规范的行为，对主动参与监管维护行为并无显著影响。除了社交激励以外，社会交换因素中的物质激励、精神激励和规范感召会正向影响公众共同生产行为。社会信任作为调节变量，对社会心理因素、社会交换因素和公众共同生产行为的关系起到

显著的正向调节作用，强化人们的心理认知，促进交换过程。

表 5-9　研究假设的检验结果

假设	具体内容	结论
H1a	物质激励对公众遵从共享单车服务规范行为存在显著的正向影响	支持
H1b	物质激励对公众参与共享单车监管维护行为存在显著的正向影响	支持
H2a	精神激励对公众遵从共享单车服务规范行为存在显著的正向影响	支持
H2b	精神激励对公众参与共享单车监管维护行为存在显著的正向影响	支持
H3a	社交激励对公众遵从共享单车服务规范行为存在显著的正向影响	不支持
H3b	社交激励对公众参与共享单车监管维护行为存在显著的正向影响	不支持
H4a	规范感召对公众遵从共享单车服务规范行为存在显著的正向影响	支持
H4b	规范感召对公众参与共享单车监管维护行为存在显著的正向影响	支持
H5a	服务认同对公众遵从共享单车服务规范行为存在显著的正向影响	支持
H5b	服务认同对公众参与共享单车监管维护行为存在显著的正向影响	支持
H6a	自我效能对公众遵从共享单车服务规范行为存在显著的正向影响	支持
H6b	自我效能对公众参与共享单车监管维护行为存在显著的正向影响	不支持
H7a	结果期望对公众遵从共享单车服务规范行为存在显著的正向影响	支持
H7b	结果期望对公众参与共享单车监管维护行为存在显著的正向影响	支持
H8a	社会信任正向调节物质激励对公众遵从服务规范行为的正向影响	支持
H8b	社会信任正向调节精神激励对公众遵从服务规范行为的正向影响	支持
H8c	社会信任正向调节社交激励对公众遵从服务规范行为的正向影响	不支持
H8d	社会信任正向调节规范感召对公众遵从服务规范行为的正向影响	支持
H9a	社会信任正向调节服务认同对公众遵从服务规范行为的正向影响	支持
H9b	社会信任正向调节自我效能对公众遵从服务规范行为的正向影响	支持
H9c	社会信任正向调节结果期望对公众遵从服务规范行为的正向影响	支持
H10a	社会信任正向调节物质激励对公众参与监管维护行为的正向影响	支持
H10b	社会信任正向调节精神激励对公众参与监管维护行为的正向影响	支持
H10c	社会信任正向调节社交激励对公众参与监管维护行为的正向影响	不支持
H10d	社会信任正向调节规范感召对公众参与监管维护行为的正向影响	支持
H11a	社会信任正向调节服务认同对公众参与监管维护行为的正向影响	支持
H11b	社会信任正向调节自我效能对公众参与监管维护行为的正向影响	不支持
H11c	社会信任正向调节结果预期对公众参与监管维护行为的正向影响	支持

六、结果分析与讨论

公众参与共同生产是提升共享单车服务管理效能，构建合作监管治理体系的重要内容。本研究以共同生产理论为基础，检验影响公众共同生产行为的主要因素及差异性，揭示了公众自觉遵从共享单车使用规范和积极参与共享单车服务管理的动机。其中，自我效能感、物质激励与规范感召是促进公众规范使用共享单车以及自觉参与监督管理的最为重要的驱动因素。结合共享单车服务的现实情境以及现有关于共同生产的研究成果，可以得出以下结论和启示。

1. 结果分析

第一，物质激励是影响公众共同生产行为的重要因素，对公众遵从共享单车服务规范行为影响较大，对参与监管维护行为影响较小。物质激励包含物质奖励和物质惩罚两个层面，作为促进共享单车服务提供者和骑行者展开交换的方式，能够影响公众在使用中潜在的物质收益，进而改变公众的行为意愿。但是，物质激励的影响方式和强度存在较大差异。[①] 对于较为简单、容易被监督的遵从行为来说，管理者和公众可以比较明确地衡量出各自物质交换的收益，并且双方行为不需要额外付出，因此共享单车使用者容易被物质收益激励或被物质惩罚限制，从而做出自觉遵从管理服务规范的共同生产行为。但是对于需要公众额外付出时间精力，参与过程较为复杂且难以被准确监督的监管维护行为来说，双方物质交换需要一定的机制或外力来保障实施，因此物质激励在促进复杂的公众共同生产行为中作用被削弱，并且难以通过单纯的物质交换来激励公众主动参与到共享单车的监管维护中。[②] 在实践中，管理者主要通过信用积分奖罚机制来调节公众的行为，但是由于企业害怕流失用户，

---

① Alford J, "Why do public-sector clients co-produce? Toward a contingency theory", *Administration & Society*, Vol. 34, No. 1, 2002.

② Blau M, *Exchange and Power in Social Life*, New York: John Wiley, 1964, pp. 91-94.

加之企业和政府之间缺乏有效的信息沟通，导致信用积分制度对公众行为的规范促进作用较低，而传统现场罚款方式难以在全社会大规模实施，这些都削弱了物质激励管理的作用，需要进一步完善与整合。①

精神激励虽然也会对公众共同生产行为产生显著影响，但其对公众的遵从服务规范行为和参与监管维护行为的作用具有明显差异。精神激励对公众的遵从共享单车服务规范行为影响较小，但对参与监管维护行为的影响较大。这说明在较为复杂且难以进行监督衡量的共同生产中，非物质因素比物质因素的激励作用更为明显。按照马斯洛需求层次理论，物质需求是人类的第一需要，因此物质激励也是刺激公众参与共同生产的主要模式。但是，过分强调物质激励会引发人们"钻制度空子"的行为，使得物质激励失去应有的作用甚至会阻碍公众参与协同生产。② 因此，物质激励和精神激励必须相互补充，共同发挥调动公众参与协同监管的作用。

第二，自我效能、道德规范以及服务认同等心理因素对公众共同生产行为的影响明显。③ 公众内在的自我道德会受到外部社会道德规范的影响，进而转变为个人遵从规范以及参与监管的重要动机，促使公众主动参与到共享单车服务的共同生产中。自我效能则反映了公众对自己参与共同生产能力的主观判断，即自己是否能够做到文明骑行、规范停车以及参与协同管理。④ 服务认同使得公众从内心中认可共享单车服务带来的便利和公共价值，强化了公众与共享单车的情感联系，提升了公众对单

---

① Bozeman B, "Public - value failure: When efficient markets may not do", *Public Administration Review*, Vol. 62, No. 2, 2002.

② Alford J, "Why do public-sector clients co-produce? Toward a contingency theory", *Administration & Society*, Vol. 34, No. 1, 2002.

③ Kahne J E and Westheimer J, "The limits of political efficacy: Educating citizens for a democratic society", *Political Science and Politics*, Vol. 39, No. 2, 2006.

④ Sun L, Zhou X and Sun Z, "Improving cycling behaviors of dockless bike-Sharing users based on an extended theory of planned behavior and credit-based supervision policies in China", *Frontiers in Psychology*, No. 10, 2019.

车服务的忠诚度，进而在情感上产生一种属于文明骑行用户群体的归属感，激发了公众参与共享单车服务共同生产的意愿。[1] 因此，公众对共享单车服务认同感越强，越能受到社会规范的影响，此时如果公众认为自身具备遵从规范和参与管理的能力，他们就会更加积极地参与共同生产。

相对于物质激励的影响而言，心理因素对公众共同生产行为尤其是主动参与监管维护行为的影响更强。物质激励的刺激作用会随着双方交换难度的提升而降低。因此，在公众主动参与监管维护行为中，物质激励必须依靠个人内在的道德素质和价值认同等内在心理因素才能发挥作用。在共享单车志愿服务中，许多"单车猎人"志愿者均表示，他们牺牲时间和精力主动参与监督管理，根本目的并非为获取物质利益，而是为了坚持内心的道德观念以及出于对共享单车服务的认同，希望能为全社会提供更好的公共交通服务。这也表明在促进共享单车服务的共同生产中，还要加强政府和企业间的合作，通过各种激励措施增强公众的参与意识，提升对共享单车公共服务的认同，同时也要提高公众参与共同生产的能力。因此，企业要从自身管理做起，增强重点区域潮汐式停车的调度能力、与政府合作设立规范停车点或停车区域、借助新闻媒体加强宣传教育等，以此来改善公众对共享单车的认知，促进公众参与公共服务共同生产。[2]

第三，公众的共同生产行为是内外部因素共同作用的结果。[3] 当公众认同共享单车服务的公共价值，认为自己具有参与共同生产的能力，并

---

① Alford J, "Why do public-sector clients co-produce? Toward a contingency theory", *Administration & Society*, Vol. 34, No. 1, 2002.

② Faghih-Imani A, Hampshire R, Marla L, et al. "An empirical analysis of bike sharing usage and rebalancing: Evidence from Barcelona and Seville", *Transportation Research Part A: Policy and Practice*, No. 97, 2017.

③ 顾丽梅、张云翔：《共同生产视角下的城市共享单车服务治理——基于上海市案例的混合方法研究》，《公共管理学报》2019 年第 1 期。Eijk C V and Steen T, "Why engage in co-production of public services? Mixing theory and empirical evidence", *International Review of Administrative Sciences*, Vol. 82, No. 1, 2016.

且认可文明骑行、规范停放以及参与监管维护符合个人道德规范时，就会更积极地采取共同生产行为。此时，即使公众期望的结果并未实现，公众也会参与到共享单车服务的共同生产中来。换言之，当公众认为自己正在做对自己和社会均有意义的事情时，即使他们的遵从和维护行为未必能够真正改善共享单车服务现状，也愿意付出相应的行动。这一结论也说明社会心理因素是促进公众参与共同生产的主要因素。但是，如果公众缺乏认同感或者不具有较强的自我效能时，他们参与共享单车服务监管治理的积极性就会降低。此时，需要政府和企业进行外部干预，通过物质激励和规范感召等管理措施进行引导，以弥补公众社会心理动力的不足。从共享单车发展过程来看，破坏、私占和乱停乱放行为已经得到有效缓解，这说明我国采取的一些管理措施已经逐步发挥的作用。未来，政府和企业应该强化公众对于共享单车公共价值的认识以及增强对共享单车行业的信任，并且进一步调整各项激励措施，以多种方式鼓励和引导公众参与共享单车管理服务的共同生产活动。

第四，对共享单车的社会信任程度会影响各类因素向共同生产行为的转化。对共享单车服务的认同和信任是鼓励公众参与合作监管治理的基础。其中认同是公众参与共同生产的前提，而社会信任能够促进社会心理因素的转化以及社会交换过程的实现。这是因为宏观层面的社会信任水平作为一种环境变量会对人们的内在心理产生影响，能够增强人们对新兴业态的接受程度，强化自我效能和认同感，让人们对未来结果有更乐观的预期。同时，对共享单车服务的信任水平也有助于保障公众和管理者双方在物质、规范等方面的正常交换，以降低在复杂的共同生产条件下双方的交易成本。因此，较高的社会信任水平能够促进社会心理因素和社会交换因素向实际共同生产行为的转化，反之则会阻碍人们参与共享单车服务的共同生产。基于此，政府和企业应促进全社会的信用体系建设，通过共享信用记录等形式不断提升全社会的诚信水平。[①]

2. 讨论与启示

本研究探讨了公众参与共享单车服务共同生产的影响因素和驱动机理，有助于进一步明确公众参与共享单车协同监管的内在机理，从而推动共同生产理论以及协同治理理论的运用和发展。

第一，社会交换因素、社会心理因素以及社会环境因素会显著影响公众参与共享单车服务的共同生产过程，这与目前的相关研究基本一致。[②] 但是，这些因素对不同程度共同生产行为的影响存在显著差异。[③]在影响公众遵从共享单车服务规范行为的众多因素中，规范感召、自我效能和物质激励发挥了最为重要的作用，结果预期、服务认同和精神激励的作用相对较弱。在影响公众参与共享单车监管维护行为的各类因素中，服务认同、规范感召和自我效能则发挥了更强的影响力，而物质激励的影响力明显降低，精神激励和结果预期的作用较弱。从总体上看，参与程度较低的共同生产行为容易受到外在激励因素如规范感召和物质激励的影响，而参与程度较高的共同生产行为则主要受到内在认知因素如服务认同和自我效能的影响。这说明简单依靠外在物质激励是难以完全激励公众参与到协同监管治理活动，需要加强公众对于共享单车公共服务价值的内在认同，培养与共享经济相互适应的道德理念，完善公众参与协同监管的途径、平台和资源，以增强其自我效能感。

第二，公众参与共同生产活动既是内外部因素共同作用的结果，也

---

① Yao Y, Liu L, Guo Z, et al. "Experimental study on shared bike use behavior under bounded rational theory and credit supervision mechanism", *Sustainability*, Vol. 11, No. 1, 2019.

② 顾丽梅、张云翔：《共同生产视角下的城市共享单车服务治理——基于上海市案例的混合方法研究》，《公共管理学报》2019 年第 1 期。Alford J, "Why do public-sector clients co-produce? Toward a contingency theory", *Administration & Society*, Vol. 34, No. 1, 2002. Parrado S, Van Ryzin G G, Bovaird T, et al. "Correlates of co-production: Evidence from a five-nation survey of citizens", *International Public Management Journal*, Vol. 16, No. 1, 2013.

③ Uzochukwu K and Thomas J C, "Who engages in the coproduction of local public services and why? The case of Atlanta, Georgia", *Public Administration Review*, Vol. 78, No. 1, 2017.

是个体与情境交互影响的过程。首先，调动公众参与共同生产是一种社会交换过程。管理者可以通过物质激励和精神激励措施，以及发挥外部环境中社交群体和道德环境的作用来满足公众的各项需求，以调动公众参与共同生产的积极性。其次，公众自身的心理和认知也同样重要。当公众认同共享单车服务的公共价值，感知到自身具有参与共同生产的能力，并且感觉自己的行为能够达到预期目标，那么他们参与共享单车服务的共同生产的意愿就会增强。再次，社会环境对个人心理以及社会交换过程具有重要"影响"。社会信任作为一种重要环境变量，通过强化社会公众的心理认知，间接促进社会心理因素、社会交换因素向共同生产行为的转化。这说明促进公众参与公共服务共同生产要从个体心理认知、外在激励措施以及外部宏观环境等多管齐下，才能逐步构建起多元协同治理体系。

第三，社交激励在实际情况中对公众共同生产行为的影响并不明显。[①] 虽然现在大力倡导文明骑行和规范停放共享单车，鼓励公众主动参与到共享单车服务的合作生产中，但是并没能切实改变部分人的非文明骑行行为，对引导公众参与共享单车合作管理的影响并不明显。这可能是由于以下几方面原因造成的。首先，共享单车服务在本质上属于陌生人经济，公众在使用共享单车时并不会直接产生信息流动和资源交换，导致周遭社会网络对个人所产生的压力不足。面对难以监督的主动参与的监管维护行为，社交激励的作用更难以充分发挥。其次，个体对当前相关社会压力和各类激励措施的认知程度低，不足以超过非文明使用所带来的收益预期。再次，公众决定是否文明骑行共享单车也受到城市交通基础设施（白色停车区域）以及共享单车质量的影响。城市交通基础

---

① 顾丽梅、张云翔：《共同生产视角下的城市共享单车服务治理——基于上海市案例的混合方法研究》，《公共管理学报》2019 年第 1 期。Sun L, Zhou X and Sun Z, "Improving cycling behaviors of dockless bike-Sharing users based on an extended theory of planned behavior and credit-based supervision policies in China", *Frontiers in Psychology*, No. 10, 2019.

设施的不健全导致共同生产能力效能感不足，严重限制社交激励和精神激励等因素作用的发挥。最后，共享单车长期陷入破产倒闭和"圈钱"等社会信任危机之中，公众对共享单车服务的不信任进一步降低了公众文明骑行、规范停放以及参与监管维护的意愿。所以，管理者们应该调整思路，坚持物质奖励与规范引导等相结合的形式进行宣传，尤其要注重对共享单车公共价值的宣传，不断增强公众的社会信任感，从而在全社会培养起共建共治共享的社会氛围，为构建协同监管治理体系奠定坚实的社会基础。

第六章

公众持续参与我国共享单车
协同监管的驱动机理

共享单车服务共同生产是一项持续性的活动。在初次骑行及规范使用共享单车的基础上，公众参与该共同生产过程中的体验和感受，构成了公众是否继续参与共同生产的决策依据。因此，共同生产是一项"认知—生产"的多阶段迭代行动过程。面对我国公共服务共同生产中普遍存在的公众参与"持续性不足"或者"中途流失"的现状，提升公众持续参与积极性将成为构建协同监管治理体系的重要环节。本研究继续探讨公众持续参与共享单车服务共同生产的驱动机理，为维护共享单车服务共同生产的可持续性，提升协同治理的质量提供了理论依据。

一、公众参与共享单车服务共同生产的再思考

共享单车的监管需要多元协同参与，共同创造公共服务价值。在共享单车服务共同生产中，单纯依靠政府或者企业进行监管难以取得良好效果，必须充分发挥公众自我监管和参与合作监管的积极性。因此，公众、政府和企业是相互配合的共同生产者，要共同承担起管理共享单车的责任和义务。结合奥尔福德、顾丽梅等学者的研究成果，本研究提出

公众参与共同生产是个体与情境交互影响的过程，受到社会交换因素、社会心理因素以及社会环境因素的共同影响。首先，管理者调动公众参与协同监管是一种社会交换过程，管理者可以通过物质激励和精神激励措施，以及发挥外部环境中社交群体和道德环境的作用来满足公众多维度的需求，从而促进个体参与共同生产的意愿。同时，公众本身的心理认知也同样重要。当公众认同共享单车服务的公共价值，感知到自身具有参与协同监管的能力，并且认为通过自己的努力能够实现预期目标时，公众就会主动参与共享单车协同管理活动。社会信任作为一种环境变量，通过强化社会公众的心理认知，间接促进社会心理因素、社会交换因素向共同生产行为的转化。

但是，共同生产与一般的决策活动相比具有显著差异，即公众参与公共服务共同生产应该是"持续性参与"，而非"一次性参与"或者"偶发性参与"。这一活动对公众参与时间、参与次数以及参与质量都有更高的要求。[1] 在共享单车的协同监管中，要实现协同监管与治理的目标就要求公众必须持续地参与共同生产，而不仅仅是偶发性的参与。然而，在我国许多公共志愿服务活动中，普遍存在着"持续性参与不足"以及"参与质量不高"等问题。[2] 访谈中我们也发现，不少志愿者属于体验式参与，热衷于参与"运动式"的服务活动，难以持续深入参与日常志愿服务活动。许多志愿者表示，由于"感觉自己的努力没有什么实际效果""一起参加志愿服务的同伴退出了""缺乏相应的制度环境提供保障""对活动参与过程不满意"等内在或外部原因，逐渐退出了参与共享单车志愿服务活动，这使得共享单车志愿服务共同生产难以为继。

许多研究者把共同生产假定为一个单一的过程，认为公众一旦决定参加就会持续参与，忽略了参与过程中许多因素会干扰参与者原先的判

---

[1]　张云翔：《居家养老服务中的共同生产研究——以上海花木社区乐巢项目为例》，《浙江学刊》2016 年第 1 期。

[2]　张冰、朱小磊：《大学生持续性志愿服务行为影响因素》，《当代青年研究》2018 年第 5 期。

断，导致个体参与者意愿的降低甚至退出活动。事实上，共同生产活动是一项"认知—生产"的多阶段迭代行动过程，具有重复性博弈的特征，每一阶段公众持续参与过程的质量和体验都会对公众的后续决策产生影响。[1] 具体而言，公众的初始认知会在参与共同生产的过程中发生变化并产生新的体验和认知。这些新的体验与认知构成了公众是否继续参与共同生产的决策依据（见图6-1）。因此，具体考察公众持续参与共同生产的影响因素和驱动机理，调动公众继续参与的积极性和主动性，是确保共享单车服务共同生产能够良好运行，并逐步建立起协同监管治理体系的重要环节。

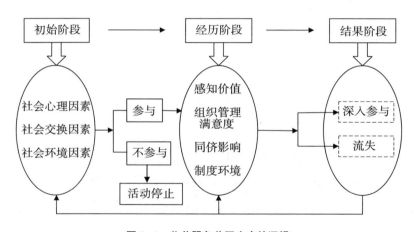

图6-1 公共服务共同生产的逻辑

在共同生产的相关研究中，现有研究仍然是从协同合作的因素、现状和机制等整体视角出发，只有少数学者关注到共同生产的生成和持续问题。例如，张云翔以居家养老服务为例，探讨了老年人在参与养老互助项目中的体验对其持续参与意愿的影响，提出共同生产是"认知—生产"的迭代行动过程。美国学者克拉里（Clary）等人也提出要关注公众参与志愿服务的过程，将该过程分为前阶段、经历阶段和结果阶段，并

---

[1] 张云翔：《居家养老服务中的共同生产研究——以上海花木社区乐巢项目为例》，《浙江学刊》2016年第1期。

提出公众在前阶段与经历阶段的认知都将直接影响最后一个阶段的参与意愿。[1] 我国学者吴金鹏与徐宏宇构建了"初始参与—集体共同生产—结果与反馈"的分析框架，说明了图书馆公共服务共同生产的形成和持续过程，提出集体共同行动有助于加强共同生产的持续性。[2] 然而，公众参与公共服务共同生产过程中哪些因素会影响个人初始认知以及影响机理尚不明确，这些因素制约了公众提升和强化持续共同生产的意愿。

二、研究框架与理论假设

1. 研究模型

公众持续参与共享单车服务共同生产是内部因素和外部因素共同起作用的结果。根据期望理论，公众根据自身经验或者受他人影响而形成一定心理预期，在实际参与过程中，公众根据参与活动获得的价值收益与自身的期望进行评估，评估的结果可以决定公众对参与活动的满意度，而满意度的高低会直接影响公众持续参与共同生产活动的行为意愿。[3] 同时，公众的心理评估过程也会受到外部因素的影响，包括同侪群体中他人的支持示范以及所处制度环境的规范保障。本研究认为，公众持续参与共享单车服务共同生产是建立在个人感知价值和对整个活动的综合评价基础上的，是一项心理认知持续更新的过程，这一过程必然受到同侪伙伴的影响。因此，本研究构建了感知价值、满意度、同侪影响与公众持续参与共享单车服务共同生产行为的概念模型（见图6-2）。此外，由于公众参与总是在一定制度环境中进行，不同制度环境必然导致公众对收益或价值的感知差异，进而促进或者阻碍公众持续共同生产行为。因

---

① Clary E G and Snyder M, "The motivations to volunteer: Theoretical and practical considerations", *Current Directions in Psychological Science*, Vol. 8, No. 5, 1999.

② 吴金鹏、徐宏宇：《集体行动何以促进图书馆公共服务共同生产?》，《图书馆论坛》2020年第5期。

③ Oliver R L, "A cognitive model of the antecedents and consequences of satisfaction decisions", *Journal of Marketing research*, 1980, pp. 460–469.

此，引入制度环境作为调节变量，可以更好地揭示促进公众持续参与共享单车服务共同生产活动的驱动机理。

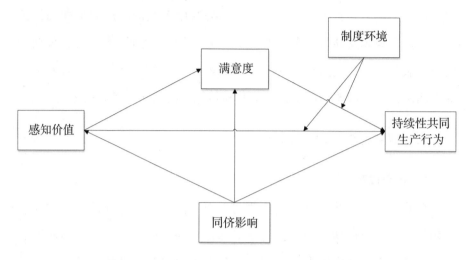

图 6-2　公众持续参与共享单车服务共同生产研究模型

2. 研究假设

（1）公众的持续性共同生产行为

持续性共同生产行为是指参加过某一公共服务共同生产的公众个体，在未来会继续参与该活动的行为。[①] 相对于一次性参与或者偶发性参与，持续性参与强调参与频次比较稳定，参与时间较为持久，这在培养个人志愿服务精神方面发挥着更大的作用。共享单车服务共同生产包括遵从共享单车行为规范和参与监管维护两种基本的形式。本研究认为，与公众的遵从行为相比，参与监管维护是一种参与程度更高和更具有公共服务价值的形式。例如，在他人违规使用共享单车时进行劝阻、主动向管理者举报破坏单车的行为、积极向管理者提出改善建议、参与维护共享单车正常使用的相关志愿服务活动等。这种形式的共同生产活动需要公众投入更多的时间和精力，容易导致公众在参与过程中失去参与热情从

---

① Victor P, "Collective action and the sustainability of co-Production", *Public Management Review*, Vol. 16, No. 3, 2014.

而放弃参与活动。因此，本研究将公众持续参与共享单车监管维护行为（Continuous Maintenance Behavior，CMB）作为代理变量以探讨促进公众持续参与共同生产的驱动机理。

（2）满意度对公众持续参与共同生产行为的影响

满意度是公众购买产品或参与活动后形成的心理状态。目前，大量研究证明顾客满意度能够形成和维持顾客的忠诚度，也是影响个人持续性行为意愿的重要驱动因素。[①] 公众的满意度可以分为过程满意和结果满意两个层面。[②] 本研究中满意度（satisfaction）是指公众在实际参与共享单车共同生产活动中的需求被满足程度的主观心理评价。这种总体性评价决定了公众是否会再次参与到共同生产活动中来。如果公众对参与共享单车服务共同生产活动过程满意，将会增强再次参与的意愿；反之，则会降低再次参与的意愿。基于此，本研究提出以下假设：

H1：参与满意度会正向影响公众持续参与共享单车监管维护行为。

（3）感知价值对公众持续参与共同生产行为的影响

价值是人们对于某一对象有用性或者积极意义的估计，是驱动个人产生某种行为或意愿的内在动力。[③] 个人感知价值（Perceived Value，PV）以效益和成本的比值或差值作为评价基础，当个人认为参与公共服务活动的收益超过预期，则会对该活动参与过程具有较高的满意度，进而增强公众继续参与的积极性。[④] 但是，公众感知的价值并不仅仅是物质

① Bhattache R A, "Understanding information systems continuance: An expectation - confirmation model", *Mis Quarterly*, Vol. 25, No. 9, 2001. Alruwaie M, "The role of social influence and prior experience on citizens' intention to continuing to use e-government systems: A conceptual framework", *International Journal of Electronic Government Research*, Vol. 10, No. 4, 2014.

② Choi C B and Sheel A, "Assessing the relationship between waiting services and customer satisfaction in family restaurants", *Journal of Quality Assurance in Hospitality and Tourism*, Vol. 13, No. 1, 2012.

③ 龚主杰、赵文军：《虚拟社区知识共享持续行为的机理探讨——基于心理认知的视角》，《情报理论与实践》2013 年第 6 期。

④ Oliver R L, "A cognitive model of the antecedents and consequences of satisfaction decisions", *Journal of Marketing research*, 1980, pp. 460–469.

利益，还包括社交和心理价值等多个方面。① 因此，感知价值是对一种对服务效用的总体评价。感知价值可以通过直接或间接的方式对个人的行为意愿产生影响。一种是感知价值作为内在引导，直接作用于个人行为意愿。另一种则是通过影响满意度，间接影响个人行为。例如，张园等以机构智能养老服务为例，证明感知价值会显著影响用户满意度，进而影响用户持续使用意愿。② 董庆兴等基于用户参与在线健康社区的案例，说明顾客感知价值会直接影响用户持续参与意愿。③ 在本研究中，感知价值是公众在参与共享单车共同生产活动后对各类收益和损失进行衡量的总体评价。公众在此参与过程结束后，会权衡比较付出的成本与收益，形成对参与活动的感知价值，这成为公众决定未来是否继续参与该共同生产活动的重要依据。在此基础上，公众也会将获得的价值与原来的预期进行对照评估，形成对该过程的满意度，并间接影响持续参与行为。基于此，本研究提出以下假设：

H2：感知价值会正向影响公众对参与共享单车监管维护活动的满意度。

H3：感知价值会正向影响公众持续参与共享单车监管维护行为。

（4）同侪影响对公众持续参与共同生产行为的影响

"同侪影响"一词最早由社会学家坎伯尔（Campbell）等于1964年提出。④ 它指的是一种个体间观点、态度或行为等趋同的社会现象。⑤ 传

---

① Wang Y, Lo H P, Chi R, et al. "An integrated framework for customer value and customer-relationship-management performance: A customer-based perspective from China", *Managing Service Quality*, Vol. 14, No. 2, 2004.

② 张园、连楠楠：《机构智能养老服务满意度影响因素研究——基于包头市的经验证据》，《中国人口科学》2019年第2期。

③ 董庆兴、周欣、毛凤华等：《在线健康社区用户持续使用意愿研究——基于感知价值理论》，《现代情报》2019年第3期。

④ Campbell E Q and Alexander C N, "Structural effects and interpersonal relationships", *American Journal of Sociology*, Vol. 71, No. 3, 1964.

⑤ Liang H and Shen F, "Birds of a schedule flock together: Social networks, peer Influence, and digital activity cycles", *Computers in Human Behavior*, Vol. 82, No. 5, 2018.

统"同侪"多指社会身份相近、地域相近或具有相似特征的个体，如朋友和同学等。随着社交网络的发展，"同侪"已经突破地域限制，更加强调客观上或者主观感知上的相似性而非身份地位的对等。例如，"单车猎人"志愿者群体、华为社区成员等。因此，当前的同侪影响（Peer Influence，PI）是指基于客观或者主观感知的相似性，成员通过社交网络等多种途径进行的互动，并在互动过程中产生彼此间的相互作用力。[1] 同侪间的趋同效应是通过信息性影响和规范性影响两种方式实现的。[2] 当个体处于不确定环境时，会积极从同侪群体中搜集和获取信息，有助于加深个体对某种情景的理解。同时，为了融入群体中，个体必然会受到来自同侪群体的压力而主动或被动遵从该群体的某些规范，以获得同侪的认同。[3] 在本研究中，参与共享单车的志愿者具有相似的心理特征以及共同的兴趣，会通过网络形成一定的"同侪圈"。个人的志愿服务行为会受到同侪群体的支持、理解和精神鼓励，使得公众持续参与行为意愿得到强化。同时，当公众不确定是否要继续投入时间和精力参与共享单车服务共同生产活动时，同侪间的鼓励能够增强个人对该行为公共价值和社会意义的理解，并通过获取更多价值信息的方式消解了个人的不确定性，从而强化了公众对自身行为公共价值的感知，并提升参与过程的满意度。基于此，本研究提出以下假设：

H4：同侪影响会正向影响公众持续参与共享单车监管维护行为。

H5：同侪影响会正向影响公众对参与共享单车监管维护行为的价值感知。

H6：同侪影响会正向影响公众对参与共享单车监管维护活动的满

---

[1] 焦媛媛、李智慧：《同侪影响的内涵、产生机理及其在管理学中的研究展望——基于社交网络情境》，《南开管理评论》2020年第1期。

[2] 李智慧、沈志锋、焦媛媛：《社交支持对早期用户的新产品采纳意愿影响研究——基于同侪影响和感知价值的多重中介效应》，《科学学与科学技术管理》2019年第11期。

[3] Deutsch M and Gerard H B, "A study of normative and informational social influences upon individual judgment", *Journal of Abnormal & Social Psychology*, Vol. 51, No. 1, 1955.

意度。

（5）制度环境对公众持续参与共同生产行为的影响

新制度主义理论认为，个体的偏好和行动都嵌入在具体社会结构之中，会受到制度的深刻影响。制度环境（Institutional Environment，IE）正是个人或者组织为了获取合法性和外界支持而必须遵守的规则，包括政府的监管政策和规章制度等。[①] 但是，由于共享单车是新生事物，各项监管政策尚处于探索阶段，公众参与共享单车服务共同生产面临投入大量时间精力却无法取得预期效果的问题。管理者进一步完善制度环境就可以为公众参与提供充足的保障，降低可能的风险和不确定性，从而增强公众对参与活动的积极心理预期。[②] 因此，较高的制度环境水平会提升公众的价值感和满意度，并通过创设良好的共同生产环境促进了个体心理认知向实际持续参与行为的转化；反之则会阻碍这一过程的实现。基于此，本研究提出以下假设：

H7：制度环境正向调节公众感知价值与持续参与共享单车监管维护行为间的正向关系。

H8：制度环境正向调节公众满意度与持续参与共享单车监管维护行为间的正向关系。

三、变量测量和研究方法

1. 数据来源

本研究采用问卷来收集数据。从 2019 年 3 月初至 2020 年 5 月底，在众多"单车猎人"志愿者的推荐下，我们加入了 8 个志愿服务群。群中的大部分人均是一起参与过共享单车志愿服务活动的成员。采用电子问

[①] Meyer J W and Scott W R, "Organisational environments: Ritual and rationality", *Administrative Science Quarterly*, Vol. 30, No. 2, 1983. Kostova T, Country institutional profiles: Concept and measurement, *Academy of Management*, 1997, pp. 180–184.

[②] 周劲波、宋站阳：《制度环境视角下众筹创业模式的影响机制研究——基于双重调节效应的模型实证分析》，《重庆社会科学》2020 年第 1 期。

卷的形式在群中发放了问卷，邀请曾经配合管理者参与过共享单车监管维护活动的成员填写。在正式发放问卷之前，课题组先向参加过社区废旧共享单车清理活动的志愿者发放了 55 份问卷，开展了预调研工作。课题组共收回 54 份有效问卷，结果显示量表具有良好的信和效度，适合进行正式调研。

在正式调研中收回的 613 份问卷中，保留了 571 份有效问卷，有效率为 93.15%。样本的统计特征见表 6-1。受访者中男性为 275 人，占总人数的 48.16%；女性为 296 人，占总人数的 51.84%。男女所占比例基本持平。受访者年龄共分为 5 个阶段，其中 20 岁以下共 112 人，占总人数的 19.60%；21 到 30 岁共 225 人，占总人数的 39.40%；31 到 40 岁共 154 人，占总人数的 27%；41 至 50 岁的人数为 53，占总人数的 9.28%；50 岁以上的共 27 人，占总人数的 4.73%。从年龄分布上看，参与共享单车协同监管的主要以年轻人为主。受访者中，大学本科学历人数占比为 53.77%；研究生及以上学历人数占比为 25.04%；专科学历人数占比为 5.95%。在受访者月收入方面，每月低于 3000 元以及 6001 元至 9000 元所在区间的人数较多，各占比为 33.45% 和 28.02%。

表 6-1 样本人口统计特征 (N= 571)

变量	类别	样本数/人	占比（%）
性别	男	275	48.16
	女	296	51.84
年龄	<20 岁	112	19.60
	21—30 岁	225	39.40
	31—40 岁	154	27.00
	41—50 岁	53	9.28
	>51 岁	27	4.73

变量	类别	样本数/人	占比（%）
学历	高中及以下	87	15.24
	专科学历	34	5.95
	大学本科学历	307	53.77
	研究生及以上学历	143	25.04
月收入	≤3000	191	33.45
	3001—6000	135	23.64
	6001—9000	160	28.02
	>9000	85	14.9

2. 变量的描述与测量

本研究所有变量的测量题项均来自现有成熟量表，并结合本研究的具体情况修订形成。以李克特（Likert）七点量表询问公众对各题项叙述内容的同意程度（1=非常不同意，7=非常同意），使用 SPSS 24.0 与 A-MOS 24.0 软件对数据进行统计分析。有关各变量的测量题项及来源，详述如下：

（1）公众持续性共同生产行为

共享单车服务共同生产包括遵从共享单车行为规范和参与监管维护两种基本的形式。与公众遵从行为相比，参与监管维护是一种参与程度更高、更具有公共服务属性的形式。因此，本研究将公众持续参与共享单车监管维护行为作为代理变量以探讨促进公众持续参与共同生产的驱动机理。

对于该变量的测量，参考张云翔[①]、吴金鹏[②]等以及仲秋雁[③]等学者的量表并据共享单车的具体情况进行了修改，采用 4 个题目进行测量。"未来我会继续配合管理者参与共享单车的管理维护""未来我会继续向单车企业反馈和举报各种违规使用行为""未来我会继续参加清理废旧单车等相关志愿服务活动""未来我会继续参与用户调查向管理者提出相关的问题和建议"。问卷采用主成分分析进行因素分析，结果显示各题因素负荷量介于 0.853 至 0.897。信度分析显示量表的信度系数（Cronbach's alpha）为 0.904。

（2）公众满意度

公众满意度问卷参考自奥利弗[④]、廖俊云[⑤]等以及董庆兴[⑥]等学者的成熟量表，并根据实际情况修改而来。该问题包括 4 个题目。"总体上，我对配合管理者参与共享单车的监管管理活动感到满意""我觉得，参与共享单车管理维护的实际效果超出了我的预期""我觉得，参与清理废旧单车等相关志愿服务活动给我良好的体验""我对上次向企业举报有人违规使用单车的经历感到满意"。问卷采用主成分分析进行因素分析，结果显示各题因素负荷量介于 0.859 至 0.879。信度分析显示量表的信度系数为 0.895。

（3）感知价值

感知价值问卷参考自董庆兴等学者的成熟量表，并根据实际情况修改而来，该问题包括 4 个题目。"总的来说，我在参与共享单车监管维护

① 张云翔：《居家养老服务中的共同生产研究——以上海花木社区乐巢项目为例》，《浙江学刊》2016 年第 1 期。

② 吴金鹏、徐宏宇：《集体行动何以促进图书馆公共服务共同生产?》，《图书馆论坛》2020 年第 5 期。

③ 仲秋雁、王彦杰、裘江南：《众包社区用户持续参与行为实证研究》，《大连理工大学学报（社会科学版）》2011 年第 1 期。

④ Oliver R L, "A cognitive model of the antecedents and consequences of satisfaction decisions", *Journal of Marketing research*, 1980, pp. 460-469.

⑤ 廖俊云、林晓欣、卫海英：《虚拟品牌社区价值如何影响消费者持续参与：品牌知识的调节作用》，《南开管理评论》2019 年第 6 期。

⑥ 董庆兴、周欣、毛凤华等：《在线健康社区用户持续使用意愿研究——基于感知价值理论》，《现代情报》2019 年第 3 期。

中的付出是值得的""我认为，在参与清理废旧单车等相关志愿服务活动中交到很多朋友""我认为，向企业举报违规停放共享单车的行为让我心情舒畅""我认为，我参与共享单车监管维护取得的实际效益与我所付出的时间和精力是等值的"。问卷采用主成分分析进行因素分析，结果显示各题因素负荷量介于 0.891 至 0.899。信度分析显示量表的信度系数为 0.917。

（4）同侪影响

感知价值问卷参考自卡普兰（Kaplan）[1] 等、贾明·荣格（Jaemin Jung）[2] 等学者的成熟量表，并根据实际情况修改而来，该问题包括 4 个题目。"在决定是否参与共享单车的相关志愿服务活动前，我会咨询同侪伙伴的意见""社交网络上'单车猎人'志愿者的事迹会影响我参与共享单车监管维护的决策""我的同侪伙伴会告诉我参与共享单车监管维护的重要价值和意义""我的同侪伙伴鼓励我继续参与共享单车的监管维护活动"。问卷采用主成分分析进行因素分析，结果显示各题因素负荷量介于 0.841 至 0.902。信度分析显示量表的信度系数为 0.892。

（5）制度环境

感知价值问卷参考自布塞尼茨（Busenitz）[3] 等、蒋春燕和赵曙明[4] 等学者的成熟量表，并根据实际情况修改而来，该问题包括 4 个题目。"政府管理者以及相关部门积极鼓励公众参与共享单车的协同监管""政府管理者以及相关部门对公众参与共享单车协同监管有支持政策"

① Kaplan M F and Miller C E, "Group decision making and normative vs, "informational influence: Effect of type of issue and assigned decision rule", *Journal of Personality & Social Psychology*, Vol. 53, No. 2, 1987.

② Jung J, Shim S W, Jin H S, et al. "Factors affecting attitudes and behavioural intention towards social networking advertising: A case of facebook users in South Korea", *International Journal of Advertising*, Vol. 35, No. 2, 2016.

③ Busenitz L W, Carolina Gómez and Spencer J W, "Country institutional profiles: Unlocking entrepreneurial phenomena", *The Academy of Management Journal*, Vol. 43, No. 5, 2000.

④ 蒋春燕、赵曙明：《公司企业家精神制度环境的地区差异——15 个国家高新技术产业开发区企业的实证研究》，《经济科学》2010 年第 6 期。

"政府管理者以及相关部门为公众参与共享单车协同监管创设了良好的条件和环境""政府管理者以及相关部门会为公众参与共享单车协同监管提供各种各样的协助"。问卷采用主成分分析进行因素分析，结果显示各题因素负荷量介于0.904至0.913。信度分析显示量表的信度系数为0.928。

（6）控制变量

人口统计变量是影响公众持续参与公共服务共同生产的重要因素。例如，吴金鹏和徐宏宇通过社区图书馆项目发现个人特质会影响公众参与共同生产动机。相对于男性来说，由于"角色期待"的影响，女性家长更愿意持续参与到社区图书馆志愿服务项目中。[1] 帕拉多（Parrado）等提出，年轻人对公共事务具有更强的社会责任感，因此更愿意参与公共服务共同生产。[2] 乌佐丘克乌（Uzochukwu）等发现学历和收入会正向显著影响公众个人参与公共服务共同生产的意愿。[3] 因此，本研究将性别、年龄、学历和月收入作为控制变量。

3. 变量的信度与效度分析

本研究用SPSS24.0和AMOS24.0软件对各变量进行验证性因素分析（Confirmative Factor Analysis，CFA），检验模型拟合度，并进行组合信度（Composite Reliability，CR）、聚合效度（Convergent Validity）与区分效度（Discriminant Validity）检测（见表6-2）。

---

[1] 吴金鹏、徐宏宇：《集体行动何以促进图书馆公共服务共同生产?》，《图书馆论坛》2020年第5期。

[2] Parrado S, Van Ryzin G G, Bovaird T, et al. "Correlates of co-production: Evidence from a five-nation survey of citizens", *International Public Management Journal*, Vol. 16, No. 1, 2013.

[3] Uzochukwu K and Thomas J C, "Who engages in the coproduction of local public services and why? The case of Atlanta, Georgia", *Public Administration Review*, Vol. 78, No. 1, 2017.

表 6-2 变量的信度、效度以及相关系数矩阵

变量	α 值	Std. FL	CR	AVE	1	2	3	4	5
感知价值	0.917	0.891-0.899	0.942	0.801	0.895				
满意度	0.895	0.859-0.879	0.927	0.761	0.423**	0.872			
同侪影响	0.892	0.841-0.902	0.926	0.759	0.344**	0.390**	0.871		
制度环境	0.928	0.904-0.913	0.950	0.825	0.154**	0.158**	0.140**	0.908	
持续性监管维护行为	0.904	0.853-0.897	0.933	0.778	0.440**	0.493**	0.408**	0.240**	0.882

注：***、**、*表示回归系数在 1%、5% 和 10% 的显著性水平下统计显著；对角线粗体字为 AVE 之开根号值，下三角为各构面间皮尔森相关系数。

信度检验的目的是考察量表的一致性程度，常用克朗巴哈系数（Cronbach's alpha，α 值）测量。本研究所有变量的 α 系数都在 0.89 及以上，达到 α 值大于 0.7 的标准。组合信度（CR）都在 0.92 以上，均大于 0.6 的标准，说明测量工具拥有较好的稳定性。例如，公众满意度的 Cronbach's α 值为 0.895，组合信度 CR 值为 0.927，均符合推荐的标准。基于此，本研究中的量表具有良好的信度。

效度是指题目能够测量出所要测量的对象的真实程度，一般采用平均方差萃取量 AVE 进行收敛效度和区别调度检验。测量问项的标准化因子负荷（factor loading）均高于 0.6，且 p 值均小于 0.01。平均方差萃取量（AVE）都在 0.75 以上，远大于 0.5 的标准，因此本问卷显示了良好的收敛效度。[1] 在区分效度方面，根据费耐尔（Fornell）和拉克尔（Larcker）建议的方法，潜变量平均方差萃取值（AVE）的平方根大于潜变量之间相关系数时，说明变量间区分效度良好。[2] 在表 6-2 中，所有变量 AVE 平方根均大于与之相关的相关系数，例如，变量感知价值 AVE 平

[1] Anderson J C and Gerbing D W, "Structural equation modeling in practice: A review and recommended two-step approach", *Psychological Bulletin*, Vol. 103, No. 5, 1988.

[2] Fornell C and Larcker D F, "Evaluating structural equation models with unobservable variables and measurement error", *Journal of Marketing Research*, Vol. 66, No. 6, 1981.

方根为 0.895，大于它与其他变量的相关系数（0.423，0.344，0.154，0.440），说明该变量与其他变量之间具有良好的区分效度。

4. 分析方法

被解释变量为公众持续参与共享单车监管维护行为。综合运用 SPSS 24.0 与 AMOS 24.0 软件，采用回归分析方法和结构方程模型（SEM）方法进行检验。具体来说，首先用 SPSS 软件对主要变量间的相关性进行检验以排除多重共线性的可能。其次，利用多元回归方法验证了自变量和因变量间的直接效应。再次，用结构方程模型方法验证了自变量和因变量间的中介效应。最后，通过层次回归方法检验了调节变量在模型中是否存在调节效应。

四、描述性统计和信度、效度以及相关性分析

1. 主要变量的描述性统计

在进行多元回归分析之前，先对研究中各变量进行描述性统计分析，可以更好地了解样本数据的基本特征和差异趋势。具体见下表 6-3。

表 6-3　变量描述性统计分析

类别	变量名称	符号	平均值	标准差	最小值	最大值
控制变量	性别	Sex	0.482	0.500	0	1
	年龄	Age	2.354	0.950	1	4
	教育程度	Education	2.039	0.679	1	3
	月收入	Income	1.814	0.671	1	3
自变量	感知价值	PV	5.486	1.402	1	7
	满意度	SAT	5.976	1.145	1	7
	同侪影响	PI	5.501	1.410	1	7
调节变量	制度环境	IE	6.191	1.175	1	7
因变量	持续性监管维护行为	CMB	5.300	1.479	1	7

从描述性统计分析结果可以看出，本研究中被调查者对持续参与共享单车服务共同生产过程持较为满意的态度，继续参与共享单车的监管维护活动的意愿较高（5.300）。其中，曾有过该经历的公众在参与共享单车管理维护中，对感知价值较为认可（5.486），且对活动的满意度为5.976，维持在较高水平。此外，个人持续参与行为意愿不仅受到个人预期心理的影响，还明显会受到周围同侪伙伴的影响（5.501）和社会制度环境（6.191）的影响。

2. 变量相关性分析

在进行回归分析之前，对未来纳入逐步回归模型的主要变量进行相关性分析有助于初步确认变量间关系并排除多重共线性的可能性。表6-4给出了主要变量间的皮尔逊相关分析结果。结果显示，研究中的自变量、因变量和调节变量之间分别存在着显著的相关性。首先，人口统计变量中的年龄（$r=-0.241$，$p<0.01$）与公众持续参与监管维护行呈负相关关系。学历（$r=0.305$，$p<0.01$）与公众持续参与监管维护行正相关。性别和收入两变量与公众持续参与监管维护行为无明显相关关系。公众感知价值（$r=0.440$，$p<0.01$）、公众满意度（$r=0.493$，$p<0.01$）、同侪影响（$r=0.408$，$p<0.01$）、制度环境（$r=0.240$，$p<0.01$）等变量与公众持续参与监管维护行为均为正相关。公众感知价值（$r=0.423$，$p<0.01$）、同侪影响（$r=0.390$，$p<0.01$）、制度环境（$r=0.158$，$p<0.01$）等变量与公众满意度呈正向相关关系。同侪影响（$r=0.344$，$p<0.01$）和制度环境（$r=0.154$，$p<0.01$）与公众感知价值正向相关。这些分析结果在一定程度上解释了变量之间的关系，但仍有待于通过多元回归方法进一步证实。

表 6-4　变量间皮尔逊相关性分析（N=571）

变量	1	2	3	4	5	6	7	8	9
1 性别	—								
2 年龄	0.058	—							
3 学历	−0.013	−0.179**	—						
4 月收入	0.042	0.489**	0.131**	—					
5 满意度	−0.007	−0.254**	0.373**	−0.074	—				
6 感知价值	−0.013	−0.193**	0.216**	−0.031	0.423**	—			
7 同侪影响	−0.021	−0.144**	0.194**	−0.042	0.390**	0.344**	—		
8 制度环境	−0.008	−0.166**	0.183**	−0.049	0.158**	0.154**	0.140**	—	
9 持续性监管维护行为	−0.001	−0.241**	0.305**	−0.05	0.493**	0.440**	0.408**	0.240**	—

注：***、**、*表示回归系数在 1%、5% 和 10% 的显著性水平下统计显著。

相关分析不仅能为自变量和因变量之间的因果关系提供预分析，还可以借此判断多元回归分析是否存在多重共线性问题。从表 6-5 中看到，绝大多数的变量有显著的相关关系，但相关系数并不高，处于可接受范围内（r<0.8），故初步判定各变量间存在严重的多重共线性问题的可能性较低。为了进一步判断和排除多元回归中可能存在的多种共线性问题，本研究对各主要变量的方差膨胀因子（VIF，Variance Inflation Factor）和容忍度（Tolerance）进行检验。检验结果发现，方差膨胀因子均处于 1.004 至 1.495 之间，均值为 1.285，小于 10。各变量容忍度最小值为 0.671，均值为 0.792，大于 0.1。由此可以确认多重共线性问题并不存在（见表 6-4）。

表6-5　多重共线性检验结果

变量	代码	Tolerance	VIF
性别	sex	0.996	1.004
年龄	Age	0.669	1.495
学历	Education	0.786	1.272
月收入	Income	0.710	1.409
感知价值	PV	0.771	1.298
满意度	SAT	0.671	1.490
同侪影响	PI	0.804	1.245
制度环境	IE	0.934	1.071
均值	Average	0.792	1.285

五、实证分析和假设检验

1. 直接效应分析

本研究用多元分层回归分析方法来验证假设关系，表6-6提出了回归分析结果。首先，以公众感知价值为因变量，将控制变量和同侪影响带入模型1中。结果显示，同侪影响与公众感知价值显著相关（$\beta = 0.299$，$P<0.001$），同侪影响会正向促进公众对参与共享单车管理维护活动价值的感知度。假设5（即同侪影响会正向影响公众对参与共享单车监管维护行为的价值感知）得到证实。

表6-6　多元回归分析结果

变量	模型1		模型2		模型3	
	感知价值		满意度		持续性监管维护行为	
	B	SE	B	SE	B	SE
性别	0.007	0.108	0.028	0.079	0.040	0.100
年龄	-0.213^{**}	0.068	-0.127^{*}	0.050	-0.145^{*}	0.064

变量	模型1		模型2		模型3	
	感知价值		满意度		持续性监管维护行为	
	B	SE	B	SE	B	SE
学历	0.262**	0.085	0.433***	0.063	0.224**	0.082
收入	0.0750	0.096	−0.066	0.070	0.035	0.088
同侪影响	0.299***	0.039	0.189***	0.030	0.207***	0.039
感知价值			0.217***	0.031	0.235***	0.040
满意度					0.337***	0.053
常数项	3.673***	0.321	3.267***	0.26	0.662***	0.371
R2	0.157		0.328		0.360	
F	21.086***		45.979***		45.243***	

注：***、**、*表示回归系数在1%、5%和10%的显著性水平下统计显著

　　然后，以公众满意度为因变量，将控制变量、同侪影响和感知价值带入模型2中。结果显示，同侪影响与公众满意度显著相关（β=0.189，P<0.001），同侪影响会正向提升公众对共享单车管理维护活动的满意度。公众感知价值与公众满意度显著相关（β=0.217，P<0.001），公众感知价值会正向提升对共享单车管理维护活动的满意度。假设6（即同侪影响会正向影响公众对参与共享单车监管维护活动的满意度）与假设2（即感知价值会正向影响公众对参与共享单车监管维护活动的满意度）得到证实。

　　最后，以公众的持续性监管维护行为为因变量，将控制变量、同侪影响、感知价值和满意度均带入模型3中。结果显示，同侪影响与公众的持续性监管维护行为显著相关（β=0.207，P<0.001），同侪影响会正向促进公众持续参与共享单车的管理维护活动的行为。感知价值与公众的持续性监管维护行为显著相关（β=0.235，P<0.001），感知价值会正向促进公众持续参与共享单车的管理维护活动的行为。满意度与公众的

持续性监管维护行为显著相关（β=0.337，P<0.001），满意度会正向促进公众持续参与共享单车的管理维护活动的行为。假设 4（即同侪影响会正向影响公众持续参与共享单车监管维护行为）、假设 3（即感知价值会正向影响公众持续参与共享单车监管维护行为）与假设 1（即参与满意度会正向影响公众持续参与共享单车监管维护行为）得到证实。

2. 中介效应分析

为了进一步探究公众持续参与共享单车服务共同生产的影响机理，本研究检验了不同中介效果及其差异。由于逐步回归法和 Sobel 法在验证中介效应中存在一定程度的缺陷，我们采用了自举法（Bootstrap）检验对不同中介效果进行检验。具体来说，通过 AMOS 24.0 软件进行 5000 次重复抽样，获得 5000 个中介效应值并进行排序，产生 95%置信度的置信区间。若 0 不在 95%的置信区间，则表明该中介效应存在，否则中介效果不存在。

在进行中介效果分析之前，本研究先对整体模型的拟合度进行了检验。其中，模型 χ^2/df 为 3.369，小于 5。GFI、TLI 和 CFI 分别为 0.91、0.93 和 0.95，均大于 0.9 的理想标准。AGFI 为 0.88，接近 0.9，仍在可接受范围内。SRMR 和 RMSEA 分别为 0.08 和 0.06，均小于等于 0.08。表明研究提出的假设模型与收集的样本数据拟合较好。

根据图 6-3 所示，中介效应中的各回归系数均满足显著性要求。在此基础上，表 6-7 提供了多重中介效应的 Bootstrap 验证结果。其中，感知价值在同侪影响和公众持续性监管维护行为中的特定中介效应 Me1（PI→PV→CBE）的效应值为 0.085（a_1c_1），95%置信度的置信区间不包含 0，说明中介效果显著存在。与此类似，满意度在同侪影响和公众持续性监管维护行为中特定中介效应 Me2（PI→SAT→CBE）的效应值为 0.096（a_3b_1），置信区间不包含 0，中介效果存在。同侪影响与公众持续性监管维护行为间的多重中介效应 Me3（PI→PV→SAT→CBE）的效应值为 0.043（$a_1a_2b_1$），置信区间不包含 0，中介效果存在。此外，公众满意度在感知价值和公众持续性监管维护行为中的特定中介效应 Me4（PV →SAT →CBE）的效应值为 0.108（a_2b_1），置信区间不包含 0，中介效果存在。

表 6-7　中介效应分析结果

中介类型	Effect	Boot SE	BC 95% CI		Percentile 95% CI	
			下限	上限	下限	上限
PI →CMB：						
Me1：PI →PV →CMB	0.085	0.032	0.031	0.16	0.028	0.154
Me2：PI →SAT →CMB	0.096	0.029	0.049	0.168	0.044	0.160
Me3：PI → PV → SAT →CMB	0.043	0.015	0.021	0.083	0.018	0.077
PV →CMB：						
Me4：PV →SAT →CMB	0.108	0.033	0.055	0.189	0.049	0.178

注：（1）用于估算偏差矫正置信区间的重复抽样样本数（Bias Corrected Bootstrap Samples）为 5000；（2）BC，Bias-corrected Percentile；（3）PI 为同侪影响，PV 为感知价值，SAT 为满意度，CMB 为持续性监管维护行为。

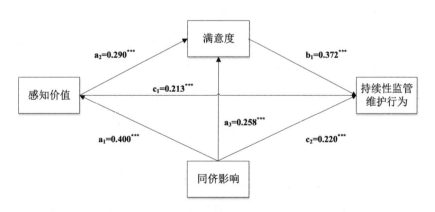

图 6-3　路径分析结果

3. 调节效应分析

在检验主效应的基础上，本研究通过层级回归方法进一步检验了制度环境的调节作用。该方法要求把人口统计变量、部分核心自变量和调节变量，以及相应交乘项逐次带入回归模型中，主要是看调节变量和自变量的交互项进入回归模型后，R^2 是否得到显著提升，以及相应的交互项是否显著。为了降低多重共线性问题，自变量和调节变量进行了中心化处理。表 6-8 给出了制度环境的调节作用结果。首先将控制变量性别、年龄、学历和月收入带入模型 1 中。然后将控制变量、自变量满意度和调节变量制度环境带入模型 2a 中。再次将控制变量、自变量满意度和调节变量制度环境以及交乘项带入模型 2b 中。从模型 2b 中可以看出，公众满意度和制度环境的交互项对公众的参与共享单车监管维护行为产生了显著正向影响（β=0.194，p<0.001），R^2 得到显著提升（△R^2 提升了 0.05，△F 是显著的）表明制度环境的调节作用存在，即当制度环境水平较高时，公众满意度对其参与共享单车监管维护行为的积极影响将会增强，假设 8（即制度环境正向调节公众满意度与持续参与共享单车监管维护行为间的关系）同理，在模型 3b 中，公众感知价值和制度环境的交互项对公众的参与共享单车监管维护行为产生了显著正向影响（β=0.171，p<0.001），R^2 得到显著提升（△R^2 提升了 0.042，△F 是显著的）表明制度环境的调节作用存在，即当制度环境水平较高时，公众感知价值对其参与共享单车监管维护行为的积极影响将会增强，假设 7（即制度环境正向调节公众感知价值与持续参与共享单车监管维护行为间的关系）得到验证。

为了更直观地展示制度环境的调节作用，按照艾肯（Aiken）和韦斯特（West）的程序绘制了简单斜率分析图（simple slope analysis），图中变量的高低为均值加减一个标准差的值（见图 6-4）。① 结果显示，公众感知价值、满意度与持续性监管维护行为之间关系会根据制度环境优劣而有显著差别。当制度环境较好（虚线）时，满意度、感知价值与公众持续性监管维护行为间关系呈现显著的正相关关系，且相关关系较高；而制度环境较差（实线）时，满意度、感知价值与公众持续性监管维护行为间的相关较小，说制度环境正向调节满意度、感知价值与公众持续性监管维护行为间的关系。

表 6-8　制度环境的调节效应

变量	Dependent variable = CMB									
	模型 1		模型 2a		模型 2b		模型 3a		模型 3b	
	B	SE	B	SE	B	SE	B	SE	B	SE
Sex	0.039	0.116	0.027	0.105	0.012	0.101	0.040	0.106	0.071	0.103
Age	−0.310***	0.073	−0.169*	0.067	−0.148*	0.065	−0.184**	0.068	−0.150*	0.066
Education	0.583***	0.090	0.229**	0.087	0.143	0.085	0.397***	0.084	0.372***	0.082
Income	0.026	0.103	0.057	0.093	0.048	0.090	0.002	0.094	−0.038	0.091
SAT			0.524***	0.051	0.559***	0.049				
PV							0.378***	0.039	0.389***	0.038
IE			0.176***	0.046	0.203***	0.045	0.166***	0.047	0.180***	0.045
SAT×IE					0.194***	0.030				
PV×IE									0.171***	0.029
R^2	0.129		0.290		0.341		0.273		0.316	
F	20.965***		38.465***		41.557***		35.375***		37.132***	
ΔR^2	0.129		0.161		0.050		0.144		0.042	
ΔF	20.965***		64.113***		42.944***		56.040***		34.911***	

注：（1）***、**、*表示回归系数在 1%、5% 和 10% 的显著性水平下统计显著；（2）PI 为同侪影响，PV 为感知价值，SAT 为满意度，IE 为制度环境，CMB 为持续性监管维护行为。

---

① Aiken L and West S, Multiple regression: *Testing and interpreting interactions*, Thousand Oaks: Sage Publications Ltd, 1991, p. 211.

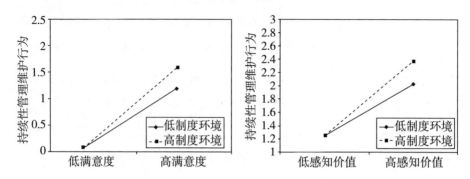

图6-4　制度环境对满意度（左）、感知价值（右）与持续性监管维护行为关系的影响

六、量化研究结果

通过上述实证分析，得到表 6-9 中的假设检验结果。结果显示，感知价值、满意度和同侪影响与公众持续参与共享单车监管维护行为有显著的相关性。公众感知价值不仅会直接促进公众持续参与共享单车监管维护行为，还能够通过满意度间接影响公众的持续性参与行为。同侪影响会正向影响公众感知价值和满意度，并通过直接和间接两种方式对公众持续性参与行为产生影响。制度环境作为调节变量会强化人们的心理认知过程。这个过程既会对公众价值感知和持续参与共享单车监管维护行为间的关系起正向的调节作用，还会对公众参与满意度与持续参与行为间的关系起正向的调节作用。

表6-9　研究假设的检验结果

假设	具体内容	结论
H1	参与满意度会正向影响公众持续参与共享单车监管维护行为	支持
H2	感知价值会正向影响公众对参与共享单车监管维护活动的满意度	支持
H3	感知价值会正向影响公众持续参与共享单车监管维护行为	支持
H4	同侪影响会正向影响公众持续参与共享单车监管维护行为	支持
H5	同侪影响会正向影响公众对参与共享单车监管维护行为的价值感知	支持
H6	同侪影响会正向影响公众对参与共享单车监管维护过程的满意度	支持

续表

假设	具体内容	结论
H7	制度环境正向调节公众感知价值与持续参与共享单车监管维护行为间的正向关系	支持
H8	制度环境正向调节公众满意度与持续参与共享单车监管维护行为间的正向关系	支持

七、结果分析与讨论

共同生产活动是一项"认知—生产"的多阶段迭代行动过程。公众的初始认知会在参与共同生产的过程中发生变化，结合该过程中的内在感受和外部环境产生新的认知，构成了公众后续继续参与共同生产的决策依据。因此，相对于初始动机来说，在参与过程中为公众提供持续性刺激对于确保公共服务共同生产的良性运行以及逐步建立规范机制具有重要意义。本研究发现，公众参与共享单车监管维护中的直观收益与成本、心理与情感体验，以及其他参与者的行动示范等因素均会对公众持续性共同生产行为产生影响，而制度环境会对整个过程产生调节作用。

1. 结果分析

（1）感知价值和满意度对公众持续性共同生产行为的影响。

公众是否会继续参与公共服务共同生产首先要基于个人的心理感知。依据社会交换理论，感知成本与收益是影响公众持续行为的重要因素。[1]公众在参与共享单车监管维护中，会对获得的价值与自身的期望进行评估，从而决定是否继续参与。[2] 本研究结果发现，公众感知价值会通过直接和间接两种方式影响公众持续参与共享单车服务共同生产的行为意愿。一方面，公众在参与监管维护过程中会获得各项收益，如企业或政府给

---

① Bhattache R A，" Understanding information systems continuance：An expectation - confirmation model"，Mis Quarterly，Vol. 25，No. 9，2001.

② Zhao K，Stylianou A C and Zheng Y，" Predicting users' continuance intention in virtual communities：The dual intention-formation processes"，*Decision Support Systems*，Vol. 55，No. 4，2013.

予的物质奖励、他人与社会给予参与者的尊重、参与过程中结交到志同道合的朋友以及满足自身道德需求等，这些价值会激励公众继续参与到该活动中去。另一方面，公众会将获得的价值与心理预期进行比较，形成对整个参与活动的满意度感知，从而影响个人持续参与决策。因此，公众在参与过程中，感知价值和满意度作为一种刺激会持续地补充到个人"认知—决策"过程中。如果公众长时期无法从中感受到应有的价值或者对整个活动不满意，必然会产生"厌倦""毫无意义"等消极心理，最终可能从共享单车服务共同生产活动中退出。

（2）同侪影响对公众持续性共同生产行为的影响

公众持续参与公共服务共同生产不仅是个人的心理认知过程，更会受到他人、组织甚至整个社会的影响。① 在其中，同侪群体通过示范效应会激发公众的参与积极性。例如，张云翔等学者发现，老年人是否继续参与社区养老服务会受其他参与者行为的影响。② 事实上，公众在参加共同生产活动时往往会加入一定的同侪群体中，将个人行为转变为集体行动，从中获得更多的潜在价值。③ 本研究结论也证实，同侪影响会显著影响公众参与共享单车监管维护时的心理认知过程。具体说，个人的共同生产行为会受到同侪群体的支持、理解、鼓励和示范引导，从而激发个人继续参与的积极性，强化了公众持续参与的行为意愿。除了直接影响外，同侪群体也会通过公众感知价值和满意度等中介变量，间接对个人持续性行为产生影响。④ 当公众不确定是否要继续投入时间精力参与共享

---

① Sun L, Zhou X and Sun Z, "Improving cycling behaviors of dockless bike-Sharing users based on an extended theory of planned behavior and credit-based supervision policies in China", *Frontiers in Psychology*, No. 10, 2019.

② 张云翔：《居家养老服务中的共同生产研究——以上海花木社区乐巢项目为例》，《浙江学刊》2016 年第 1 期。

③ 吴金鹏、徐宏宇：《集体行动何以促进图书馆公共服务共同生产?》，《图书馆论坛》2020 年第 5 期。

④ Deutsch M and Gerard H B, "A study of normative and informational social influences upon individual judgment", *Journal of Abnormal & Social Psychology*, Vol. 51, No. 1, 1955.

单车服务共同生产活动时，同侪间的鼓励能够增强个人对该行为公共价值和社会意义的理解，消解了个人的不确定性，强化公众对自身行为社会价值的感知并提升了参与过程的满意度，继而使得公众选择继续参与到共享单车的管理维护活动中。

（3）制度环境对公众持续性共同生产行为的影响

个体的偏好和行动必然嵌入在具体社会结构之中，会受到制度环境的深刻影响。[①] 公众持续参与共享单车服务共同生产需要投入大量的时间和精力，这要求制度环境提供基础保障以降低可能的风险和不确定性，进而增强公众在参与过程中的感知价值及提升心理预期。[②] 本研究也发现，政府的监管政策和规章制度等构成的制度环境，其优劣程度会显著影响人们共同生产心理认知向实际行为的转化过程。制度环境既会对公众价值感知和持续参与共享单车监管维护行为间的关系起正向的调节作用，也会对公众参与满意度与持续参与行为间的关系起正向的调节作用。换言之，较好的制度环境会提升公众的价值感和满意度，并通过完善的制度和良好的环境保障个体心理认知向实际持续参与行为的转化，而较差的制度环境则会阻碍这一过程的实现。

2. 讨论与启示

首先，本研究将公众参与共同生产分为初始阶段和持续阶段，分析探讨了"认知—生产"的多阶段迭代行动过程。过去许多研究者将共同生产当成是一个单向流动的过程，认为公众一旦决定参加就会持续参与下去，忽略了参与过程中许多因素会干扰参与者原先的判断，造成共同

---

① Meyer J W and Scott W R, "Organisational environments: Ritual and rationality", *Administrative Science Quarterly*, Vol. 30, No. 2, 1983. Kostova T, Country institutional profiles: Concept and measurement, *Academy of Management*, 1997, pp. 180–184.

② 周劲波、宋站阳:《制度环境视角下众筹创业模式的影响机制研究——基于双重调节效应的模型实证分析》，重庆社会科学，2020 第 1 期。

生产活动的中断。① 事实上，公众参与公共服务共同生产不是单向的运动，而是一个"认知—生产"的多阶段迭代行动过程。公众参与共同生产活动中的质量和体验都会对后续的决策产生影响，因此必须进一步探讨公众持续参与共同生产的影响因素和作用机理，这为弥补传统共同生产理论的不足，推动共同生产理论在实践中的运用提供了重要经验。这启示管理者，要调动公众参与协同监管等共同生产活动的积极性，进而构建起多元协同监管治理体系，要重视公众参与过程中的获得感和满意度，要通过积极的政策支持，在全社会创设良好的合作治理氛围，不断强化公众持续参与意愿。

其次，分析了公众持续参与公共服务共同生产的内在作用机理，进一步深化共同生产以及协同治理相关理论的研究。当前，张云翔②、吴金鹏③等学者均呼吁要关注共同生产的持续性问题，并且以养老、社区图书馆等领域为例进行了分析。本研究发现，公众感知价值既会直接影响其持续参与共享单车监管维护行为，也会通过满意度的中介作用间接产生影响。因此，我们必须重视共同生产的可持续性，让收益与价值通过更直观的方式展现出来，并且注重个人在参与过程的主观感受，从而使公众获得更大的心理满足。同时，同侪影响也会显著影响公众个人参与共同生产的心理认知过程。同侪群体既会支持、理解、鼓励和引导个人参与共同生产的行为，从而激发个人继续参与的积极性，也会通过公众感知价值和满意度等中介变量，间接对个人持续性行为产生影响。④ 因此，

---

① 张云翔：《居家养老服务中的共同生产研究——以上海花木社区乐巢项目为例》，《浙江学刊》2016 年第 1 期。张冰、朱小磊：《大学生持续性志愿服务行为影响因素》，《当代青年研究》2018 年第 5 期。

② 张云翔：《居家养老服务中的共同生产研究——以上海花木社区乐巢项目为例》，《浙江学刊》2016 年第 1 期。

③ 吴金鹏、徐宏宇：《集体行动何以促进图书馆公共服务共同生产?》，《图书馆论坛》2020 年第 5 期。

④ Deutsch M and Gerard H B, "A study of normative and informational social influences upon in-dividual judgment", *Journal of Abnormal & Social Psychology*, Vol. 51, No. 1, 1955.

要注重发挥朋辈的激励作用，创设良好的团队氛围，不断提升公共服务共同生产活动对外的辐射能力，更好地激发公众的持续性共同生产行为意愿。

最后，本研究还探讨了制度环境对促进公众参与共同生产的作用。当前研究侧重于关注公众参与共同生产的心理认知过程，对个体与情境交互影响的过程关注不足，尤其是对于制度环境等政策性工具对个人行为的影响较为缺乏。[①] 本研究发现，制度环境作为外部因素，在价值感知、满意度影响公众持续参与共享单车监管维护过程中起到正向的调节作用。[②] 这一结果说明，政府的监管政策、规章制度等形成的制度环境的优劣，会显著影响人们心理认知向实际行为的转化。因此，对于管理者而言，需要构建良好的制度设计和实施环境，以提升公众持续参与共同生产活动的积极性，从而提高协同监管的效能。

[①] Meyer J W and Scott W R, "Organisational environments: Ritual and rationality", *Administrative Science Quarterly*, Vol. 30, No. 2, 1983.

[②] Kostova T, Country institutional profiles: Concept and measurement, *Academy of Management*, 1997, pp. 180-184. 周劲波、宋站阳：《制度环境视角下众筹创业模式的影响机制研究——基于双重调节效应的模型实证分析》，重庆社会科学，2020 第 1 期。

第七章

公众参与我国共享经济
协同监管的主要障碍与引导策略

将共享经济纳入政府监管体系，促进共享经济健康发展，必须充分调动各参与主体的积极性，构建起多元协同监管与治理模式。在系统分析影响公众参与共享经济监管治理的主要因素及驱动机理基础上，本研究深入分析了当前社会公众参与共享经济监管与治理面临的具体障碍，并提出了相应的对策建议，为进一步推动我国监管模式转型升级、打造共建共治共享社会治理格局提供了参考意见。

一、制约公众参与我国共享经济协同监管的主要障碍分析

社会公众是推动共享经济健康发展的基础，也是构建协同监管与治理体系的重要力量。但是，当前我国共享经济监管与治理中存在着公众参与不足的问题，主要表现为公众参与协同监管的意识薄弱、参与水平较低、参与监管的渠道不畅以及参与监管的能力不足等，这些问题制约了我国共享经济协同监管与治理效能。在当前形势下，如何调动社会公众参与监管的积极性成为实现协同治理的重要环节。因此，探究阻碍公众参与我国共享经济协同监管与治理的障碍，可以更有针对性地提出有

效引导策略。

1. 公众参与我国共享经济协同监管面临的认知性障碍

共享经济作为一种新兴的商业模式，社会公众对它的接受、认同乃至主动参与需要经历一个长期的过程。当前我国公众对共享经济模式本身以及在相关活动中应承担的责任普遍存在认知不足的问题，这些认知性障碍会降低公众参与监管的积极性，从而加剧共享经济监管治理的难度。这些认知性障碍主要表现在两个方面。

一方面，社会共享精神的缺乏，容易导致共享经济的监管活动陷入集体行动困境。共享经济是一种共商共创的经济形式，离不开政府、企业、公众等主体的共同参与治理。但是，由于共享经济诞生时间较短，迅速崛起的各类新业态让公众应接不暇，加之共享经济在发展过程中出现的众多"乱象"，导致公众难以完全认同和信任这一新经济模式，自然也无法建立起与之相适应的共享意识和共享文化。因此，当缺少有效道德规约时，恶意损坏、占为己有和人为丢弃等社会公德失范现象自然也层出不穷，成为制约共享经济发展过程中的重要障碍。当社会呼吁人们自觉承担起自我约束和协同监管的公共责任时，许多人置若罔闻，一味去批判政府或企业的不作为，这也不利于培育和形成全社会共享文化氛围。共享经济的正常运行需要与之相适应的公共秩序，这样可以降低共享经济运行中的交易成本。在现实生活中，只愿享受共享经济带来的便利而不履行责任义务的众多"搭便车"行为，反映出全社会尚未建立起与新经济模式相适应的公共道德与共享文化，这必然导致共享经济监管与治理陷入集体行动的困境之中。①

另一方面，公众共建共治共享意识薄弱，阻碍共享经济合作监管共同体的形成。共建共治是共享的前提，共享是共建共治的目标。实现共

---

① 王晓丽：《社会公德治理：缘起、运行、实现——以共享单车使用为例》，《道德与文明》2018年第5期。

建共治共享关键是要有各主体的积极参与和责任担当。在当前阶段，协同治理的社会环境尚未形成，共享经济平台企业试图逃避监管责任，公众习惯于传统政府"大包大揽"模式的管理，忽视自身应承担的公共责任，成为只愿共享利益而不愿承担共建共治责任的"局外人"。事实上，共享经济只有在共建共治基础上才能实现对社会资源的最优化配置，它与共建共治共享社会格局是相互契合的。① 政府、企业和社会公众作为利益复合体和责任共同体，任何一环的缺失都会严重阻碍共享经济的健康发展。特别是社会公众作为共享经济的基本要素，在享受共享经济带来的各种便利同时，必须与政府、企业一起承担起共同治理责任，逐渐形成共建共治共享的合作治理共同体，才能为促进共享经济服务正常运行，并未构建起协同监管治理格局奠定基础。②

2. 公众参与我国共享经济协同监管面临的制度性障碍

对共享经济监管与治理作为一种多元主体共同参与的集体行动，需要良好的制度进行规范、引导和保障。企业和社会公众在实际监管中容易演变为被动管理者，缺乏与政府间的有效和便捷沟通机制、交流平台和参与途径，导致多元主体监督作用难以真正发挥，严重制约协同合作的开展。社会公众作为多元主体中力量相对分散和弱势的一方，在实际监管活动中往往成为最"弱势"的一环。

共享经济的出现改变了以往政府的监管现状，将原来由政府承担的部分公共服务供给职能转让给市场，通过市场化的方式满足公众对公共服务的需求。这打破了公私部门间的壁垒，使得政府、市场和社会逐渐成为地位平等、相互依赖的共同参与者，为社会公众参与合作监管奠定了基础。当前我国对共享经济的监管实践尚处于探索阶段，各项体制机制仍然不够成熟，对公众行为约束、规范和引导能力明显不足。例如，

---

① 王亚玲：《论共建共治共享社会治理制度与数字经济的耦合性及实现路径》，《社科纵横》2021年第2期。
② 刘淑娟：《共享经济发展中社会治理创新研究》，《经济论坛》2022年第2期。

为了对用户骑行行为进行规范引导，我国共享单车行业正在探索建立信用积分奖惩机制。[①] 但是在实施中发现，众多单车企业为了抢占市场份额，避免用户流失，会尽可能避免采取信用积分扣除的惩罚。此外，规范骑行获得的积分通常只能用来领取周边其他生活领域的代金券和消费券等，对用户的吸引力不足。各个共享单车企业间以及共享单车企业与社会征信体系互不连通，削弱了对用户的约束作用。摩拜单车（现美团单车）曾推出红包车，鼓励人们优先将城市角落的单车骑行到公共停放点，结果却引发许多人的"薅羊毛"行为。可见，当传统经济监管模式难以满足共享经济快速发展需要时，即使制定新制度，也仍存在较为明显的缺陷，难以激励和保障社会公众协同监管行为。所以，要进一步改革和完善相关的体制机制，引导社会公众的广泛参与。

3. 公众参与我国共享经济协同监管面临的技术性障碍

随着"互联网+"时代的来临，政府监管的场域早已从线下现场管理逐渐扩展到线上网络空间，单纯依靠资质准入、行政性检查、行政处罚等方式已经难以适应新形势，这对政府监管技术和能力提出了重大挑战。共享经济正是依托于互联网技术形成并发展起来的新经济模式，它贯通了线上网络交易和线下服务，实现了产权的分离。在对共享经济新业态的监管中，企业依托网络平台的信息和技术优势，使网络中的海量数据信息成为共享经济活动的核心，这使得政府难以直接对社会公众进行监管，必须依靠企业平台来对公众不良行为进行制约。但是，部分企业为了获取更多用户，会利用更加隐蔽的技术手段来逃避政府监管，不愿承担自身应该履行的监管责任。因此，政府、企业和公众之间由于复杂的

---

① 共享单车信用积分奖惩机制是共享单车企业为规范引导用户行为而采取的一系列激励措施。每位用户注册时默认一定信用分数，该信用分会随着用户行为发生增减。当信用分低于一定数值时，用户用车费用将上升，且不能享受优惠权益；反之可以通过信用分兑换骑行红包，以及享受优先体验最新服务、优先报障处理、客服优先回复等各项权益。

依赖关系形成多重的无序困境。① 这增加了监管问题的复杂性，也加剧了各主体协同监管与合作治理的难度。

社会公众虽然是共享经济进行协同监管的重要参与者，但也是相对弱势的一方。相对于具有技术优势的企业而言，社会公众参与协同监管的力量非常有限，无法对企业的市场行为进行有效约束，在实践中极容易处于被动接受者地位。例如，公众多次对网约车存在的重大经营管理漏洞和安全隐患提出质疑，政府监管部门也对涉事企业进行约谈。但是面对掌握关键技术的企业，社会公众的合理要求和广泛质疑一再被企业敷衍和忽视，最终导致产生一系列安全风险事件。由此可见，面对拥有强大技术优势的平台企业，社会公众缺乏有效途径、方式和手段参与到合作监管之中，这会降低社会公众参与协同监管的意愿，严重阻碍共享经济协同监管治理体系的构建。②

4. 公众参与我国共享经济协同监管面临的社会性障碍

共享经济是一种信用经济，对共享经济的协同监管也需要创设良好的社会信用环境。近年来，随着我国《社会信用体系建设规划纲要（2014—2020 年）》的出台以及"信用中国"等网站的建立，我国社会信用体系建设取得了显著成效，并且在共享单车等领域进行了广泛的运用。然而，共享经济作为一种新的经济模式，正面临着极其严峻的社会信任形势，阻碍着社会公众参与多元协同监管体系的构建。

一方面，我国共享经济面临的整体信任环境较差，削弱了社会公众参与合作监管的积极性。由于共享经济商业模式不成熟，大量共享经济产品如共享单车、共享雨伞和共享充电宝等从产生起就陷入信任危机中。加之部分共享经济企业挪用用户押金，破产倒闭后引发押金难退问题，

---

① 刘然、张旭霞：《城市公共空间中共享单车的负外部性治理——解读、困境与规制路径》，《学习论坛》2018 年第 1 期。

② 张茂元、廖安：《技术视角下的互联网平台监管研究——以网约车平台为例》，《行政论坛》2021 年第 6 期。

使公众对共享经济新业态的信任度降低。在此基础上，社会公众开始质疑共享经济的发展前景，甚至提出共享经济纯粹是在浪费社会资源等。可以说，随着共享经济大量"负外部性"问题的曝光，所处的社会信任环境越来越严峻，这阻碍了公众参与合作监管治理的积极性。

另一方面，我国社会信用体系不健全，对公众在共享经济中的违规行为约束力较弱。基于网络平台发展起来的共享经济，是在缺乏第三方监督的情景下完成的交易，这需要完善的社会信任体系来排除交易过程中的不安全因素。但是，我国整体征信系统覆盖面不足，信用信息存在共享壁垒以及信用惩戒机制不健全，导致社会信用文化和个人信用意识缺乏，难以保障共享经济的健康运行。① 虽然阿里巴巴芝麻信用分、腾讯征信、好信分等商业信用评价体系被引入共享单车服务之中，但是商业性征信机构难以获得公民个人的身份信息、银行征信记录以及电子犯罪记录等权威信息。加之商业征信机构之间存在利益冲突等问题，无法实现信用共享，也无法对用户违规骑行行为产生足够的约束力。

二、促进公众参与我国共享经济协同监管的政策建议

1. 改变传统角色定位，培育公众协同监管理念

共享经济是一种共商共创的经济形式，监管的核心在于共建共治共享。但是，传统社会监督管理模式过度依赖政府，期望政府承担全部公共责任，忽视社会公众参与公共事务共同生产意识的培育。因此，要改变公众是被动管理者的传统角色定位，充分发挥公众在协同治理中的重要作用，构建起以政府为主导、企业为主体、公众广泛参与为特征的多元协同监管治理格局。②

---

① 门钰璐、严宏伟、王丛虎：《社会信用合作治理体系的构建——基于数据开放的视角》，《行政管理改革》2022 年第 7 期。

② Hong S and Lee S, "Adaptive governance and decentralization: Evidence from regulation of the sharing economy in multi-level governance", *Government Information Quarterly*, Vol. 35, No. 2, 2018.

首先，社会公众要明确自身共同生产者的角色定位。社会公众作为协同治理的重要参与者，不应该只是社会治理活动的"观望者"或社会的被动管理者，而应该是服务供给中与政府一起创造公共价值的重要伙伴。在共享经济服务中，社会公众既要配合企业管理者的要求，遵从相应的行为规范，也要明确自身责任，主动参与到合作管理中，与企业、政府共同创造公共价值。① 鉴于此，政府必须正视公众共同生产者的角色地位，积极创设条件提升公众参与合作治理的意识和能力，鼓励公众自觉参与到共享经济服务共同生产中。企业必须转变视用户为单纯消费者的固有理念，充分重视公众广泛参与对于共享经济发展的重要价值。无数实践经验表明，只有在与公众的积极互动中才能发挥共享经济的商业优势，才能找到有效的盈利模式。因此，企业要在探索盈利模式的同时，通过物质激励、宣传教育、舆论引导等多种途径培养公众共享意识的任务，鼓励、引导公众用户参与到价值共创活动中，逐步降低企业交易成本，提升政府监管效率。

其次，社会公众要强化共同体意识。秩序良好的社会应该是伙伴关系的社会。共享经济的本质是使用权的共有共用，它通过平等的互动和互惠的规则打破了陌生人社会，拉近了人与人之间的关系。② 在对共享经济的监管活动中，政府、企业、公众相互依存，构成政府管平台，平台管用户的"监管关系共同体"。因此，政府和企业要加强对社会公众的宣传教育，在明确公众共同生产者角色地位基础上，进一步强化公众共同体意识。一方面，政府在协同监管中必须发挥好"桥梁"和"纽带"的作用，引导政府、企业和公众形成利益共同体。要坚持以全社会的公共价值为标准，逐步完善现有监管制度，形成对共享经济企业的有效约束。

---

① 田昭、姜晓萍：《从"公众俘获"到参与共治：分享服务的内涵、机制与价值》，《上海行政学院学报》2017 第 3 期。

② 张红彬、李孟刚、黄海艳：《共享经济视角下社会治理新格局及其创新路径》，《中共中央党校学报》2018 年第 6 期。

例如，聘请第三方组织对不同共享单车企业的服务进行评价，根据消费者满意度发放共享单车投放指标。另一方面，政府在协同监管中要扮演好"教育者"的角色，积极推动企业和公众的合作共创，培育共建共治共享的"事业共同体"。政府要通过多种激励措施促进企业参与协同监管治理。例如，对消极参与的企业给予减少合作等作为处罚，对积极参与合作的企业给予政策倾斜作为鼓励。同时，政府也必须要加大对社会的资源投入，加强对公众的宣传教育。例如，可以通过在全社会广泛宣传"单车猎人"等志愿者群体的光荣事迹，或者发掘社区中的真人真事号召大家向先锋模范学习，促使公众自觉履行社会责任，逐步减少社会中只享受便利不付出努力的"搭便车"行为。

最后，要在全社会倡导和培育共享发展伦理。共享是我国源远流长的历史文化传统，也是中国特色社会主义的本质要求，更是指导当代中国经济社会的发展伦理。① 共享经济作为共享发展理念的重要抓手，有利于提高资源利用效率，促进企业发展转型以及方便人们日常生活。要想解决共享经济中各种问题不能仅依靠制度和法律，还要靠以社会诚信体系为核心的共享伦理。要用诚实守信来规范人们的道德行为，从而在整个社会形成共建共治共享的氛围，让每个人都能够自觉地遵规则、守秩序、重礼节，从而为促进共享经济的健康成长提供内生动力。因此，对政府而言，应该鼓励各级地方政府的开拓创新意识，积极探索将合作网络化治理理念融入社会监管的实践路径。对于企业，应该通过行业组织约束、树立行业标杆、减免税收等优惠政策引导企业积极参与合作监管。对于社会，要加强社区与企业的沟通合作，并通过物质或者精神奖励等多种方式，引导社区内居民自觉做好共享产品的维护管理工作，形成长效志愿服务机制。对于个人，政府和企业应着手培育其参与协同监管的

---

① 李逢铃：《从"分享"到"共享"及其发展理念》，《福建师范大学学报（哲学社会科学版）》2019年第4期。

能力和意识，不断增强公众参与的热情和信心，提高公众在合作网络中的话语权，在全社会营造共建共治共享的社会氛围。

2. 加快体制机制建设，保障公众协同监管地位

制度环境是影响公众心理认知过程的重要因素，在促进公众参与共享经济协同监管中发挥着重要作用。以互联网为基础的共享经济不仅仅是对传统商业模式的创新，同时也推动了我国相关体制机制的深刻变革。在共享经济协同监管的实践中，虽然我国监管治理体系已经得到极大完善，但是多元协同治理机制尚不完善，尤其是公众参与不足严重制约着政府监管治理效能的提升，需要从动力机制、联动机制以及保障机制等方面多管齐下，充分保障公众在协同监管中的基础性地位。

首先，构建协同监管动力机制。共享经济协同监管治理的动力机制主要解决各主体参与协同监管动力不足的问题。总体来说，对共享经济的协同监管治理需要持续推进外部压力和内部动力的耦合。其中，外部压力属于客观环境动力因素，内部动力则来源于各参与主体本身的积极性。在当前监管实践中，内部因素是我国构建协同监管动力机制的薄弱之处。对此，要从利益刺激、道德素质以及内心认同三个层面多管齐下，强化公众参与协同监管的动机。第一，利益是最直接的激励因素。政府和企业平台要制定和推行更具实效性的物质激励和精神激励措施。例如，探索将共享单车押金转化为保证金并由政府或者第三方平台保管，引导行业组织联合推出统一的信用积分奖惩体系等，以此更好地发挥利益驱动措施的管理成效。第二，公众个人的道德素质以及社会整体道德氛围也是影响公众行为的重要因素。要通过加强教育、媒体曝光和树立榜样等方式，在全社会形成共建共享的氛围，促进个人道德素质的提升。第三，对共享经济服务的认同和信任是促进公众主动参与协同监管的前提。共享经济企业要坚持规范发展道路，不断完善相关机制，自觉保护公众的切身利益，通过提升服务质量来改变传统"野蛮生长"刻板形

象，从而赢得社会的认可与信任。例如，共享单车行业必须极力避免再次开展非正当的行业"补贴大战"，并通过改善共享单车质量、加强对共享单车的调动管理、采用信用免押等措施等提升社会对共享单车行业的信任感。

其次，强化协同监管联动机制。共享经济协同监管治理体系是政府、非政府部门、企业和公民个人等在合作监管中所形成的有效治理结构，单靠其中任何单一主体均无法达到协同治理效果。[①] 具体而言，该协同监管联动机制应该包含分工协作、催化推进、沟通交流和相互制约等方面。对共享经济的监管需要从整体着手，发挥政府、企业、社会和公众各方面的优势，在共同的目标和原则下进行分工协作。面对共享经济出现的新情况和新问题，政府理所应当成为行业监管的"主动发起者"。要根据公民的利益提出基本的监管要求，制定相应的政策框架，进行顶层设计以推动企业主动进行监管治理。[②] 共享经济企业作为对公众用户行为进行规范管理的直接负责者，要具体操作落实政府的要求，在监管治理中起主体作用。具体而言，企业应在加强自我监督基础上主动履行社会责任，依托平台积累的信息和技术优势对公众用户进行有效的监管，而不能以制度缺失或灰色地带就放松对自己的要求，甚至利用制度漏洞来获取不当利益。社会公众既是共享经济活动开展的基础，也是公共服务的共同生产者，在共享经济的监管中必须自觉遵从政府和企业的相关要求，并主动参与到管理维护中，共同打造共建共治共管的社会治理格局。例如，当前共享单车企业均建立了信用积分奖惩体系，但从现实情况来看效果并不明显。根本原因在于各企业使用完全独立的信用监管体系对用户制约性较弱，以及企业害怕用户流失而不愿意严格执行。面对共享单车信用监管各方参与意愿不强，难以开展落实合作治理的局面，必须由政府

---

① 郑巧、肖文涛：《协同治理：服务型政府的治道逻辑》，《中国行政管理》2008 年第 7 期。
② 郑巧、肖文涛：《协同治理：服务型政府的治道逻辑》，《中国行政管理》2008 年第 7 期。

牵头建立管理部门与共享单车企业信誉信息共享机制。其中，政府要为企业开展信用监管提供政策支持，引导企业制定标准统一的信用积分体系，并对各企业的落实情况进行监督。企业应成立行业组织，制定和执行统一标准。如果公众用户出现违规行为则扣除信用积分。当信用分降低到一定程度时会导致骑行费用上涨，甚至暂停使用。严重违规用户不仅仅是禁止骑行某一品牌共享单车，而是不能够骑行所有共享单车，甚至会影响到汽车的驾驶管理以及金融业务的办理等。总之，只有覆盖政府、公众和所有共享单车企业的信用监管体系，才能够防止违规部分人的"钻空子"行为，真正实现协同监管的目标。

再次，完善协同监管保障机制。促进多元主体参与共享经济的协同监管治理需要一定的条件和平台保障实施。尤其是对于社会公众这一相对弱势的主体来说，既缺乏企业平台的技术优势，也不具备政府调动社会资源的能力，需要企业平台和政府主动提供必要保障，以增强公众的自我效能感和结果预期。因此，政府需要不断完善法律法规，加强城市基础设施建设，逐步构建统一的信用监管体系，为企业的发展及公众参与协同监管创设良好的环境。企业平台要强化大数据技术应用能力，发展行业组织，通过加强与政府的数据共享，不断拓宽公众参与合作监管的渠道，保障公众反馈的意见信息能够及时被企业和政府所接收。

3. 破除信息技术壁垒，提升公众协同监管能力

随着信息时代的到来，在互联网、大数据、云计算和人工智能等现代信息技术的支撑下，互联网企业纷纷投入到公共服务的生产和运营中，形成了"线上交易+线下服务"的社会服务供给模式。共享经济具有典型的数字化和网络化特征。这样的信息化趋势虽然实现了公共服务的智能化、便捷化和个性化，使得公众的多样化需求得到更好的满足，但也导致违法违规行为从线下延伸到了线上，加剧了政府监管的困难。调动公众参与共享经济协同监管，离不开互联网等现代技术的支撑，这需要破

除技术壁垒，不断增强公众参与协同监管的效能感。

首先，加强现代化信息技术的教育普及，提高社会公众的数字信息能力。虽然我国已经进入了信息化社会，但是面对日新月异的高科技产品，社会公众往往应接不暇。尤其是中老年人和农民工等群体，难以很快适应线上的公共服务供给方式，缺乏参与协同监管的能力。例如，摩拜单车推出红包车活动，鼓励公众主动将破损或者乱丢弃的单车优先骑行到公共停车点。然而，部分人不会使用手机电子地图定位系统，所以无法参与到合作管理之中。基于此，企业应该加强激励措施，吸引公众用户主动学习，积极学习运用新信息技术。社会志愿者团体和组织要深入社区、工地开展帮扶，协助中老年人和打工者学习运用新媒体技术。社会媒体应该进一步加强现代化信息技术的宣传报道，让更多人了解参与协同监管的渠道和方式。

其次，建立统一的协同监管平台，畅通多元主体沟通协作渠道。① 社会公众作为共享经济的服务对象，往往能最早、最及时地发现潜在问题。但是由于公众个体力量弱小、分散，缺乏方便快捷的沟通渠道，导致公众的声音被管理者忽视，削弱了公众参与监管的意愿和能力。要充分调动公众参与协同监管积极性，建议由政府或者行业组织主导构建统一的协同监管平台，以方便公众及时反馈各种问题。同时，政府结合企业回应和整改状况进行评估，保证协同监管平台真正运行起来。具体来说，统一的协同监管平台应该包括企业的日常运营情况、共享产品的实时动态、政府对企业平台及产品的评估信息、公众对共享产品的评价以及企业对公众意见的及时回复等。例如，在城市的各种角落中往往存在大量的废弃单车。但是，企业限制于资金和人员往往无法做到及时、彻底的清理。统一的监管服务平台可以畅通公众与共享单车管理人员的沟通交流渠道，为企业提供破损和需调动的车辆信息，既减少共享单车管理员

---

① 严振亚：《基于区块链技术的共享经济新模式》，《社会科学研究》2020 年第 1 期。

的负担，提升管理调度的效率，也培育了公众参与监管维护的意识，推动协同监管治理体系的构建。

最后，引入区块链技术，为共享经济的协同监管创造公开透明的环境。区块链技术作为一项分散集权系统和分布式数据库技术，具有去中心化、数据透明处理、信息安全度高等特征。[①] 这一技术的优势在于，它的每一次信息记录或者读取都需要进行检验才能进行交易，并且在区块链系统中，每一个单独区块节点都具有系统完整信息，所有信息都具有可追溯性。[②] 这意味着无论是企业、政府还是用户个人，其行为都将被自动记录，且不可以被随意修改，形成了完全公开透明的交易环境。在对共享经济进行监管中，企业平台的任何违法行为包括挪用用户押金等将会被其他企业、政府或者公众及时发现，有利于打破企业的技术垄断，大大加强了政府和社会公众等主体对企业平台的监管能力。政府应出台有关大数据和区块链的法律法规，为区块链技术的应用和普及提供政策支持。此外，企业还应加强与院校或者科研机构等合作，积极推动共享经济行业向数据化转型。

4. 优化社会信用环境，激发公众协同监管动力

共享经济是在信息不对称条件下产生的陌生自然人之间的交易，是一种信用经济，整个社会的信任水平决定了共享经济交易效率，也会影响到公众的认知和行为。[③] 如果社会公信任程度较高，公众会更加自觉自愿地协助共享经济消除发展障碍，从而降低交易成本，提升交易效率。[④] 反之，则必须依靠政府监管部门的介入，从外部解决问题，既增加了政

---

① 严振亚：《基于区块链技术的共享经济新模式》，《社会科学研究》2020 年第 1 期。

② 周蓉蓉、刘海英、靳永辉：《基于区块链技术的共享经济发展路径与对策研究》，《广西社会科学》2018 年第 2 期。

③ 李立威、何勤：《没有信任何谈共享？——分享经济中的信任研究述评》，《外国经济与管理》2018 年第 6 期。

④ Liang L J, Choi H C and Joppe M, "Exploring the relationship between satisfaction, trust and switching intention, repurchase intention in the context of Airbnb", *International Journal of Hospitality Management*, Vol. 69, 2018.

府监管成本，也加重了社会负担。因此，必须加快我国信用体系建设，调动社会公众自我约束以及参与共享经济协同监管的积极性。

首先，推动共享经济行业规范发展，改善社会信任环境。我国许多共享经济新业态在诞生初就陷入"破产倒闭"的信任危机之中，被认为是"企业圈钱工具"，是一种"伪共享"。[①] 在此情形下，我国共享经济的根本任务在于实现行业的规范化发展。一方面，共享经济企业必须加强自身运营管理，注重提升服务质量水平，探索形成成熟的商业模式，依靠消费者的认可而非巨额融资赢得市场。另一方面企业平台要重视暴露出的管理漏洞、安全隐患以及其他负外部性问题，自觉纳入政府监管体系之中并主动承担起监管责任，以重塑共享经济行业的整体形象。在当前实践中，共享经济经历爆发式增长以后，许多与共享经济相关的企业逐步进入理性化和规范化发展阶段，社会公众对各类共享经济新业态也逐步从质疑向接受、认同转变。大部分公众均认可共享经济带来的巨大便利，以及对社会公共服务供给体系做出的巨大贡献。在未来的发展中，共享经济企业要避免再次开启非正当补贴大战，或者打"擦边球"逃避监管，不断提升社会公众对新兴行业的认同和信任度，从而在行业内形成良性的生态循环。

其次，积极提升全社会的诚信水平，打造信用监管新格局。[②] 优化社会信用环境需要政府、企业和公众协同合作。对政府而言，要承担起社会信用体系的顶层设计、查漏补缺和保障落实责任，引导企业、公众和其他主体积极参与到社会信用体系建设之中。共享经济作为近年来兴起的新事物，信用约束机制、信用审核机制等尚不健全，亟待政府参与到合作共治之中，构建起覆盖面更广和约束力更强的共享经济信用监管体系。对社会公众来说，要自觉提升诚信意识，注重个人信誉积累，进而

---

① 李鑫：《互联网租赁自行车的监管困境与信用机制建设》，《电子政务》2018 年第 1 期。

② 陈丽君、杨宇：《构建多元信用监管模式的思考》，《宏观经济管理》2018 年第 12 期。

转化为自觉行动。共享经济交易效率的提升要建立在消费者充分信任和自觉自律的基础上。面对我国共享经济中的许多漏洞，公众必须树立诚信意识，自觉遵从管理者的规范和要求，并积极参与到相关制度的维护中，以引导共享经济的健康发展。企业是共享经济模式中的关键一环，承担着监管政策的执行落实的重任。一方面要诚信经营，杜绝利用暂时的监管空白或者法律缺失等漏洞谋取不当利益。例如，共享单车企业绝不能挪用用户押金投入运营，网约车也不可以通过"四方协议"的方式规避政府监管等。另一方面要进一步完善评价机制和信用评价机制，利用企业平台的优势对违规行为进行处罚，共同创建良好的诚信交易环境。

最后，完善社会信用监管体系，提升公众自律监管意识。① 引导公众加强自律监管和参与合作监管，既要依靠个人内在道德素质，也要发挥好制度优势。一是建立健全个人信用档案。要为每一个公民、法人和社会组织设立唯一的、不变的代码，不断扩大个人信用数据记录收集和应用范围，加强个人信用数据的收集、查询、共享、异议处理、数据安全的维护和管理，真正将个人在共享经济中的信用行为纳入个人征信体系。二是打破不同征信机构间信息共享壁垒，建立全国统一的征信平台。当前我国共享经济领域的商用信用评价体系存在不健全和不兼容等问题，导致企业平台难以对公众行为进行全面的评价和有效规范。破除信用数据孤岛问题需要打通不同机构间信息共享壁垒，建立全国统一的征信平台，才能真正对共享经济所有参与者进行有效约束，为新业态的发展创造良好的信用环境。② 三是完善守信联合激励和失信联合惩戒机制。对社会公众在共享经济中的行为要有奖有罚。对于守信的参与者要强化物质

---

① 于凤霞：《完善社会信用体系促进我国共享经济发展的思考与建议》，《电子政务》2018 年第 8 期。
② 周威：《分享经济视域下社会信用体系建设路径研究——基于共享单车的发展实践》，《征信》2018 年第 2 期。张杰、孙梦玉、李海姣：《我国共享经济发展中信用评价机制的应用与完善——基于信用分的视角》，《征信》2019 年第 2 期。

奖励，加大补贴力度，鼓励他们更积极地参与到共享经济管理中。对失信个人和组织，要加大惩戒力度，提升失信成本，使得失信人或组织"一处失信，处处受限"，通过完善的制度体系来规范引导社会公众的信用行为。

第八章
研究结论与展望

引导公众参与协同监管是促进我国共享经济健康发展的必然要求，也是实现国家治理体系和治理能力现代化的重要环节。但是，在监管实践中，公众往往成为被动参与者，忽略了公众作为共享经济监管活动共同生产者的角色和地位。本研究分析了当前我国对共享经济进行监管与治理的现状及存在的主要问题，总结提炼了影响公众参与共享经济协同监管的主要因素及驱动机理，并从社会公众的视角提出了促进公众参与我国共享经济协同监管的相关政策建议。在此基础上，对相关理论分析和实证研究结果进行了进一步整理总结，并针对本研究的研究不足之处和未来研究方向进行了说明。

一、研究结论

公众参与共同生产既是提升公共服务效能的重要途径，也是确保共享经济繁荣发展的基本前提。本书以协同治理理论、回应性监管理论和共同生产理论为基础，以交通出行领域的共享单车为案例，采用质性与定量相结合的混合研究方法，从公众参与共同生产的视角对我国共享经济面临的监管难题展开了理论分析和实证研究。研究获得的主要结论如下：

第一，公众是我国共享经济协同监管的重要伙伴。但在实践中，公众的"共同生产者"角色和地位容易被忽视，存在着公众参与不足的问题。通过考察我国共享单车协同监管与治理的实践变迁过程，发现公众往往被企业和政府定位为"直接消费者"或"被管理者"，多元合作监管治理在实践中往往被简化为政府—企业间的二元监管模式，背离了共享经济的基本要求。在此基础上，通过博弈分析证明了公众的积极参与既可以缩小企业的违反运营管理服务规范空间，又可以扩大政府部门的监督力度空间。公众应当是"共同生产者"而非单纯的企业顾客或被代表者。公众积极参与协同监管将极大降低监管成本，提升政府监管效能。因此，促进社会公众参与共享经济协同监管成为完善传统政府监管模式、构建协同治理体系的必然要求。

第二，公众参与我国共享经济协同监管既是个体与情境交互影响的过程，也是"认知—生产"的多阶段迭代行动过程，受到社会交换因素、社会心理因素、和社会环境因素的共同影响。公众参与监管治理是共同生产的基本内涵。本研究将公众参与共享单车服务共同生产区分为初始阶段和持续阶段，探索了公众在不同阶段参与共享单车协同监管的影响因素和驱动机理。首先，运用扎根理论的质性研究方法，探索了影响公众参与共享单车服务共同生产的主要因素，主要包括社会交换因素（物质激励、精神激励、社交激励和规范感召）、社会心理因素（自我效能、结果预期和服务认同）、社会环境因素（社会信任）以及骑行者属性（性别、年龄、受教育程度、收入水平和骑行频率）。在此基础上，将公众共同生产行为分为遵从共享单车服务规范和参与监管维护两个维度，进一步构建了驱动公众参与共享单车服务共同生产的作用机理。然后，收集问卷数据，对研究模型进行了实证检验。研究发现，社会心理因素、社会交换因素会促进公众参与共享单车服务共同生产的积极性，但影响方式和强度存在着较大差异。其中物质激励对公众的遵从服务规范行为影响较大，对监管维护行为影响较小，服务认同、规范感召和自我效能等内在的因素比外在物质激励更能促进公众的共同生产行为。公众的共同生产行为尤其是参与监管维护行为是内外部因素共同作用的结果，即当公众认同共享单车服务价值，认为自己具有共同生产的能力，并且受到物质激励、精神激励和道德规范的感召时，他们会更积极地参与到共享经济的监管治理中。宏观的社会信任会水平在其中会起到正向的调节作用，有助于强化社会公众的心理认知，促进社会心理因素、社会交换因素向共同生产行为的转化。最后，共同生产活动是一项"认知-生产"的多阶段迭代行动过程，公众在初始阶段的参与体验和认知情况构成了个人后续参与共同生产的决策依据。因此，为公众提供持续性的刺激对于确保公共服务共同生产的良性运行及逐步建立起协同监管体系具有重要意义。研究发现，公众感知价值既会直接影响公众持续参与共享单车服务共同生产的行为意愿，也会通过满意度来发挥作用。同侪影响会通过理解、支持和鼓励等方式影响公众的价值感知与满意度，激发公众继续参与共同生产的行为意愿。制度环境作为外部因素，会对公众价值感知、满意度和持续参与共享单车监管维护行为间的关系起正向的调节作用。具体表现为制度环境的优劣程度会促进或者阻碍人们共同生产的心理认知向实际行为的转化。

第三，调动公众参与我国共享经济协同监管是一项系统工程，需要从思想认知、制度构建、技术完善和社会信任等方面多管齐下。首先，社会公众要明确自身共同生产者的角色定位，强化协同监管共同体意识，在全社会倡导培育共享发展伦理，以推动传统思维的转换升级，培育公众协同监管的理念。其次，要完善共享经济协同监管的动力机制、联动机制和保障机制，加快我国相关体制机制改革，不断提升公众参与协同监管的能力。再次，要加强现代化信息技术在社会公众间的教育普及，整合建立统一的协同监管平台，引入区块链技术，从而打破企业平台的信息技术壁垒，保障公众在多元协同监管中的基础性地位。最后，要改善我国共享经济面临的严峻社会信任环境，不断强化社会信用体系，积极提升全社会的诚信水平，以调动社会公众参与协同监管的积极性。在此基础上才能逐渐转变传统以"产权"为核心的监管模式，真正构建起以"信用"为核心的多元协同监管治理体系。

二、研究局限与展望

1. 研究局限性

本研究对我国共享经济面临的监管问题研究进行了理论探讨和实证分析，所得结论具有较强的理论和现实意义，丰富了公众参与共同生产的相关研究，并提出了构建和完善多元合作监管治理体系的相关建议。但是本研究仍然存在一些局限性，有待进一步完善。

第一，研究角度的局限性。构建多元协同的监管与治理模式需要政府、企业和公众等不同主体的共同参与。本研究从社会公众的角度出发探索了影响其参与共享经济监管治理的因素及驱动机理，对政府和企业的探讨相对不足。例如，如何充分发挥平台企业在协调政府和公众中的纽带作用，虽然在本书中提出了相关的对策建议，但缺乏深入细致的研究，在未来的研究中仍需要进一步深入挖掘分析。

第二，分析框架的局限性。本研究借鉴了现有共同生产的主流分析框架，通过扎根理论考察了共享单车情景中影响公众参与共同生产的主要因素。但是，该分析框架尚处于探索阶段，而且公众共同生产需要嵌入宏观的"结构"和具体的"情景"之中进行具体考察。此外，影响公众参与共享经济共同生产的因素非常广泛，影响机理也远比想象中更复杂，未来需要结合不同情境进一步挖掘其他影响因素，以及分析这些主要因素的作用机理。

第三，研究数据的局限性。虽然本研究所用的量表均来源于相关领域的成熟量表，且所得数据经过检验具有良好的信度和效度。但是由于被调查者主观态度、地域差异、数据抽样方法等因素的影响，所收集的数据必然存在一定的偏差。这种偏差来自两个方面：一方面，数据源自大样本而非完全随机抽样，样本的总体代表性相对较弱；另一方面，问卷结果仅能反映受访者在一定时期一定阶段的主观态度，无法呈现长期的变化趋势。因此，统计结果的代表性有待进一步提升。

2. 研究展望

本书对我国共享经济面临的监管问题进行了理论探讨和实证分析，得出一些重要的结论和建议。然而，本书对这一问题的研究仍存在许多不足之处，未来可以从以下几个方面进一步拓展。

第一，拓宽研究视角。在未来的研究中，可以从企业或者政府的视角切入，探讨不同主体在协同监管治理中作用的发挥，尤其是共享经济企业的平台具有大数据的优势，在协同监管中起到承上启下的重要作用。因此督促企业自觉履行企业责任，发挥好平台在监管中的协调作用成为实现合作监管的重要环节。此外，也可以着重探讨政府、企业和公民三者在协同监管治理中的关系，厘清各主体在监管中的角色地位，逐步提升政府监管效能，实现从传统完全依赖政府的监管模式向多元合作监管治理的过渡。

第二，结合不同情境挖掘其他影响因素。因为共享经济的监管涉及不同的领域和对象，所以，在未来的研究中可以结合具体情境，考虑将更多的因素纳入分析框架中来，从而丰富和发展共同生产的理论。例如，社会资本是公众信任的重要来源，社会资本因素有助于促进人们对共享经济新业态的认同，因此需要进一步考察其作用机理。

第三，增加研究样本和数据量，不断提升结论的代表性。随着共享经济企业的发展，未来的研究可以采用纵向的面板数据来观察和检验影响公众参与共享经济监管共同生产的因素及驱动机理，或者在更大范围内、更多的群体中采取随机抽样方法获取更具代表性的调研数据，以获得更精确的检验结果，提升结论的代表性。

参考文献

一、中文文献:

1. 专著

蔡定剑:《公众参与风险社会的制度建设》,法律出版社,2009。

陈振明主编《公共管理学——一种不同于传统行政学的研究途径》,中国人民大学出版社,2003。

范明林、吴军主编《质性研究》,格致出版社,2009。

贾西津:《中国公民参与——案例与模式》,社会科学文献出版社,2008。

李图强:《现代公共行政中的公民参与》,北京经济管理出版社,2004。

王俊豪:《政府管制经济学导论:基本理论及其在政府管制实践中的应用》,商务印书馆,2017。

王周户:《公众参与的理论与实践》,法律出版社,2011。

余晖:《管制与自律》,浙江大学出版社,2008。

俞可平主编《治理与善治》,社会科学文献出版社,2000。

张玉明:《共享经济学》,科学出版社,2017。

2. 译著

［美］阿巴斯·塔沙克里、［美］查尔斯·特德莱:《混合方法论:

定性方法和定量方法的结合》，重庆大学出版社，2018。

［美］埃莉诺·奥斯特罗姆：《公共事务的治理之道——集体行动制度的演进》，余逊达、陈旭东译，上海三联书店，2000。

［美］埃略特·阿伦森、［美］提摩太·D. 威尔逊、［美］罗宾·M. 埃克特：《社会心理学》（第 5 版），侯玉波等译，中国轻工业出版社，2006。

［美］丹尼尔·F. 史普博：《管制与市场》，余晖等译，格致出版社，2017。

［德］赫尔曼·哈肯：《高等协同学》，郭治安译，科学出版社，1989。

［美］杰里米·里夫金：《零边际成本社会》，赛迪研究院专家组译，中信出版社，2014。

［美］雷切尔·博茨曼、［美］路·罗杰斯：《共享经济时代：互联网思维下的协同消费商业模式》，唐朝文译，上海交通大学出版社，2015。

［美］罗宾·蔡斯：《共享经济：重构未来商业新模式》，王芮译，浙江人民出版社，2015。

［美］罗伯特·帕特南：《使民主运转起来》，王列等译，江西人民出版社，1992。

［美］约瑟夫·熊彼特：《经济发展理论》，郭武军、吕阳译，华夏出版社，2015。

［日］植草益：《微观规制经济学》，朱绍文译，中国发展出版社，1992。

3. 期刊

白云朴、朱承亮：《移动互联网时代下我国分享经济治理模式变革、挑战及对策研究》，《江淮论坛》2017 年第 6 期。

蔡朝林：《共享经济的兴起与政府监管创新》，《南方经济》2017 年第 3 期。

陈丹、陈阳：《共享经济背景下网约车规制路径研究》，《河北学刊》

2018 年第 2 期。

陈红喜、陈晓歌、郝世甲等：《绿色经济背景下共享单车治理困境与路径选择》，《南京工业大学学报（社会科学版）》2019 年第 4 期。

陈建国：《合作生产理论与公共服务治理的思维转换》，《天津行政学院学报》2012 年第 2 期。

陈丽君、杨宇：《构建多元信用监管模式的思考》，《宏观经济管理》2018 年第 12 期。

陈万明、刘畅、蔡瑞林：《网络约车监管新政的效应分析及调整建议》，《管理现代化》2017 第 3 期。

邓念国：《公共服务提供中的协作治理：一个研究框架》，《社会科学辑刊》2013 年第 1 期。

董成惠：《共享经济：理论与现实》，《广东财经大学学报》2016 年第 5 期。

董成惠：《网约车类共享经济监管的理性思考：公共政策抑或竞争政策》，《电子政务》2019 年第 8 期。

董庆兴、周欣、毛凤华等：《在线健康社区用户持续使用意愿研究——基于感知价值理论》，《现代情报》2019 年第 3 期。

杜丽群：《信用体系建设视角下共享经济发展的瓶颈与突破路径》，《新视野》2018 年第 1 期。

范永茂：《政策网络视角下的网约车监管：政策困境与治理策略》，《中国行政管理》2018 第 6 期。

高太山：《中国分享经济发展面临的挑战及解决路径辨析》，《电子政务》2017 年第 8 期。

龚主杰、赵文军：《虚拟社区知识共享持续行为的机理探讨——基于心理认知的视角》，《情报理论与实践》2013 年第 6 期。

顾丽梅、张云翔：《共同生产视角下的城市共享单车服务治理——基于上海市案例的混合方法研究》，《公共管理学报》2019 年第 1 期。

郭传凯：《共享经济属性的回归与网约车监管思路的选择》，《山东大学学报（哲学社会科学版）》2017 年第 3 期。

郭鹏、林祥枝、黄艺等：《共享单车：互联网技术与公共服务中的协同治理》，《公共管理学报》2017 年第 3 期。

郝雅立、温志强：《共建共治共享：大数据支持下共享单车智能化治理路径》，《管理评论》2019 年第 1 期。

何超、张建琦、刘衡：《分享经济：研究评述与未来展望》，《经济管理》2018 年第 1 期。

胡登峰：《我国社会信用服务市场体系建设研究》，《中国高校社会科学》2018 年第 2 期。

黄京华、金悦、张晶：《企业微博如何提升消费者忠诚度——基于社会认同理论的实证研究》，《南开管理评论》2016 年第 4 期。

姜宁等：《从"共享单车"的监管看政府如何在分享经济中发挥作用》，《河北学刊》2017 年第 4 期。

蒋春燕、赵曙明：《公司企业家精神制度环境的地区差异——15 个国家高新技术产业开发区企业的实证研究》，《经济科学》2010 年第 6 期。

蒋大兴、王首杰：《共享经济的法律规制》，《中国社会学》2017 年第 9 期。

焦媛媛、李智慧：《同侪影响的内涵、产生机理及其在管理学中的研究展望——基于社交网络情境》，《南开管理评论》2020 年第 1 期。

金晶、卞思佳：《基于利益相关者视角的城市共享单车协同治理路径选择——以江苏省南京市为例》，《城市发展研究》2018 年第 2 期。

金立印：《基于品牌个性及品牌认同的品牌资产驱动模型研究》，《北京工商大学学报（社会科学版）》2006 年第 1 期。

冷向明、郭淑云：《共享经济治理中的政府责任——以共享单车为例》，《经济社会体制比较》2018 年第 5 期。

李逢铃：《从"分享"到"共享"及其发展理念》，《福建师范大学学报（哲学社会科学版）》2019 年第 4 期。

李汉卿：《协同治理理论探析》，《理论月刊》2014 年第 1 期。

李佳颖：《共享经济的内涵、模式及创新监管的对策》，《经济体制改革》2017 年第 6 期。

李立威、何勤：《没有信任何谈共享？——分享经济中的信任研究述评》，《外国经济与管理》2018 年第 6 期。

李秋成、周玲强：《社会资本对旅游者环境友好行为意愿的影响》，《旅游学刊》2014 年第 9 期。

李伟：《分享经济发展研究综述》，《经济研究参考》2017 第 71 期。

李鑫：《互联网租赁自行车的监管困境与信用机制建设》，《电子政务》2018 年第 1 期。

李延伟、马亮：《共享经济治理：分析框架与国际经验》，《电子政务》2018 年第 4 期。

李智慧、沈志锋、焦媛媛：《社交支持对早期用户的新产品采纳意愿影响研究——基于同侪影响和感知价值的多重中介效应》，《科学学与科学技术管理》2019 年第 11 期。

梁雯、司俊芳、许丽云：《共享经济下政府、企业与消费者的博弈分析——以共享单车为例》，《江汉大学学报（社会科学版）》2018 年第 4 期。

廖俊云、林晓欣、卫海英：《虚拟品牌社区价值如何影响消费者持续参与：品牌知识的调节作用》，《南开管理评论》2019 年第 6 期。

林玮、于永达：《数字经济领域投资潮涌与产能过剩机制：共享单车案例》，《甘肃行政学院学报》2019 年第 2 期。

刘根荣：《共享经济：传统经济模式的颠覆者》，《经济学家》2017

年第 5 期。

刘晗：《分享经济平台的社会公平问题与规制重构》，《行政法学研究》2020 年第 1 期。

刘权：《分享经济的合作监管》，《财经法学》2016 年第 5 期。

刘然、张旭霞：《城市公共空间中共享单车的负外部性治理——解读、困境与规制路径》，《学习论坛》2018 第 1 期。

刘淑娟：《共享经济发展中社会治理创新研究》，《经济论坛》2022 年第 2 期。

刘小泉、朱德米：《协作治理：复杂公共问题治理新模式》，《上海行政学院学报》2016 年第 4 期。

刘奕、夏杰长：《共享经济理论与政策研究动态》，《经济学动态》2016 年第 4 期。

罗英、钟光耀：《面向共享经济的政府监管创新研究》，《湖南社会科学》2018 年第 2 期。

马广奇、陈静：《基于互联网的共享经济：理念、实践与出路》，《电子政务》2017 年第 3 期。

马骏、马源：《"互联网+"新模式监管制度创新的建议》，《行政管理改革》2019 年第 3 期。

马蓝：《共享经济与分享经济的协同发展思考》，《当代经济管理》2019 年第 2 期。

马亮、李延伟：《政府如何监管共享经济：中国城市网约车政策的实证研究》，《电子政务》2018 年第 4 期。

马强：《共享经济在我国的发展现状、瓶颈及对策》，《现代经济探讨》2016 年第 10 期。

毛俊响、王思洋：《论网约车个人信息的保护》，《探索与争鸣》2019 年第 6 期。

门钰璐、严宏伟、王丛虎：《社会信用合作治理体系的构建——基于数据开放的视角》，《行政管理改革》2022 年第 7 期。

莫凯洋、袁经文：《共享变私享：共享单车的困境及其治理之道——基于集体行动理论的视角》，《城市学刊》2017 第 4 期。

南锐：《共享经济背景下准公共产品供给碎片化及整体性治理——以共享单车为例》，《当代财经》2019 年第 10 期。

彭岳：《共享经济的法律规制问题——以互联网专车为例》，《行政法学研究》2016 年第 1 期。

乔洪武、张江城：《共享经济：经济伦理的一种新常态》，《天津社会科学》2016 年第 3 期。

秦铮、王钦：《分享经济演绎的三方协同机制：例证共享单车》，《改革》2017 年第 5 期。

尚勇敏：《国外共享经济研究新进展》，《经济问题探索》2018 年第 5 期。

石蓉姗、李丹：《基于区块链技术的共享经济发展模式研究》，《商业经济研究》2018 年第 24 期。

宋雄伟：《城市共享单车的协商治理逻辑》，《中国青年社会科学》2017 年第 5 期。

宋逸群、王玉海：《共享经济的缘起、界定与影响》，《教学与研究》2016 年第 9 期。

孙超：《共享经济概念争议之探析》，《贵州商学院学报》2018 年第 1 期。

孙晋、袁野：《共享经济的政府监管路径选择——以公平竞争审查为分析视角》，《法律适用》2018 年第 7 期。

孙兰英、周星：《共享经济视野下城市网约车监管政策创新——基于全国 234 篇网约车新政的政策文本分析》，《综合运输》2018 年第 12 期。

孙兰英、周星：《试论习近平全面深化改革思想的时代价值》，《天津大学学报（社会科学版）》2017 年第 1 期。

谭海波、王英伟：《分享经济的监管困境及其治理》，《中国行政管理》2018 第 7 期。

唐清利：《"专车"类共享经济的规制路径》，《中国法学》2015 年第 4 期。

唐世平：《超越定性与定量之争》，《公共行政评论》2015 年第 4 期。

田昭、姜晓萍：《从"公众俘获"到参与共治：分享服务的内涵、机制与价值》，《上海行政学院学报》2017 年第 3 期。

王刚、宋锴业：《环境风险感知的影响因素和作用机理——基于核风险感知的混合方法分析》，《社会》2018 年第 4 期。

王家宝、刁雅钰、陈玮玮等：《破坏性创新与新兴产业竞争优势——以网约车行业为例》，《工业工程与管理》2019 第 4 期。

王静：《网约车给中国出租车行业及其监管带来的变革》，《行政管理改革》2018 年第 10 期。

王静：《中国网约车的监管困境及解决》，《行政法学研究》2016 年第 2 期。

王林、荆林波：《共享单车管理中存在的问题与解决思路》，《宏观经济管理》2019 第 12 期。

王伟、张海洋：《协同治理：我国社会治理体制创新的理论参照》，《理论导刊》2016 第 12 期。

王晓玉、晁钢令、万广胜：《宏观层面信任水平在消费者对产品危机感知中的作用》，《管理评论》2017 年第 2 期。

王亚丽：《供给侧改革视角下的共享经济》，《改革与战略》2016 年第 7 期。

王亚玲：《论共建共治共享社会治理制度与数字经济的耦合性及实现

路径》，《社科纵横》2021 年第 2 期。

　　王玉：《共享经济背景下的政府监管困境及优化路径》，《经济研究参考》2017 年第 67 期。

　　吴金鹏、徐宏宇：《集体行动何以促进图书馆公共服务共同生产?》，《图书馆论坛》2020 年第 5 期。

　　相博、陈可可、田龙伟：《共享经济视角下新型绿色交通的个体需求影响因素分析——以共享单车为例》，《大连理工大学学报（社会科学版）》2018 年第 2 期。

　　肖倩、林孔团：《共享单车规范发展的演化博弈分析——基于利益相关者视角》，《西南交通大学学报（社会科学版）》2018 年第 3 期。

　　徐琳、谷世飞：《公民参与视角下的中国国家治理能力现代化》，《新疆师范大学学报（哲学社会科学版）》2014 年第 4 期。

　　徐嫣、宋世明：《协同治理理论在中国的具体适用研究》，《天津社会科学》2016 年第 2 期。

　　徐咏梅：《基于不完全信息博弈的企业排污监管分析》，《暨南学报（哲学社会科学版）》2013 年第 5 期。

　　许金凤、樊俐均、马依：《卷入的消费者——以摩族猎人为例》，《中国青年研究》2018 年第 3 期。

　　严振亚：《基于区块链技术的共享经济新模式》，《社会科学研究》2020 年第 1 期。

　　颜玉凡、叶南客：《认同与参与——城市居民的社区公共文化生活逻辑研究》，《社会学研究》2019 年第 2 期。

　　杨炳霖：《从"政府监管"到"监管治理"》，《中国政法大学学报》2018 年第 2 期。

　　杨炳霖：《回应性监管理论述评：精髓与问题》，《中国行政管理》2017 年第 4 期。

杨炳霖：《监管治理体系建设理论范式与实施路径研究——回应性监管理论的启示》，《中国行政管理》2014 年第 6 期。

杨留花、诸大建：《共享单车的治理逻辑——基于公共空间类型的对策分析》，《城市发展研究》2019 年第 5 期。

杨留花、诸大建：《扩展计划行为理论框架下共享单车规范停放行为意向的影响因素分析》，《中国人口·资源与环境》2018 年第 4 期。

杨鹏程、陆丽芳：《互联网时代分享经济发展的经济学思考》，《价格理论与实践》2017 年第 5 期。

杨冉冉、龙如银：《基于扎根理论的城市居民绿色出行行为影响因素理论模型探讨》，《武汉大学学报（哲学社会科学版）》2014 年第 5 期。

杨帅：《共享经济类型、要素与影响：文献研究的视角》，《产业经济评论》2016 年第 2 期。

杨晓燕、邓珏坤：《情感依恋对消费者参与协同消费的影响方式——基于产品处置的视角》，《消费经济》2014 年第 5 期。

杨学成、涂科：《平台支持质量对用户价值共创公民行为的影响——基于共享经济背景的研究》，《经济管理》2018 年第 3 期。

杨学成、涂科：《信任氛围对用户契合的影响——基于共享经济背景下的价值共创视角》，《管理评论》2018 年第 12 期。

于凤霞：《共享经济：从政府监管走向协同治理》，《环境经济》2018 年第 17 期。

于凤霞：《完善社会信用体系促进我国共享经济发展的思考与建议》，《电子政务》2018 年第 8 期。

余航、田林、蒋国银等：《共享经济：理论建构与研究进展》，《南开管理评论》2018 第 6 期。

俞思念：《对我国社会信用体系建设的再思考》，《湖北社会科学》2018 年第 1 期。

郁建兴、朱心怡：《"互联网+"时代政府的市场监管职能及其履行》，《中国行政管理》2017 年第 6 期。

岳宇君、胡汉辉：《城市共享单车治理问题的多理论视角解析》，《当代经济管理》2019 年第 7 期。

张冰、朱小磊：《大学生持续性志愿服务行为影响因素》，《当代青年研究》2018 年第 5 期。

张丙宣、华逸婕：《共享经济的监管：一个分析框架——以共享单车为例》，《浙江社会科学》2019 年第 5 期。

曾奕婧：《网约车的监管困境与监管创新——基于政府角色的分析》，《兰州学刊》2017 年第 8 期。

张红彬、李孟刚、黄海艳：《共享经济视角下社会治理新格局及其创新路径》，《中共中央党校学报》2018 年第 6 期。

张欢、王晔安、耿欣：《共享的动机和机制：单位向社区居民共享服务资源研究》，《四川大学学报（哲学社会科学版）》2018 年第 5 期。

张杰、孙梦玉、李海姣：《我国共享经济发展中信用评价机制的应用与完善——基于信用分的视角》，《征信》2019 年第 2 期。

张杰：《我国共享经济发展中的信用困境与解决之策》，《经济纵横》2017 年第 8 期。

张茂元、廖安：《技术视角下的互联网平台监管研究——以网约车平台为例》，《行政论坛》2021 年第 6 期。

张文明、张孝德：《分享经济的经济学逻辑及理论蕴意》，《宏观经济研究》2018 年第 11 期。

张效羽：《通过政府监管改革为互联网经济拓展空间——以网络约租车监管为例》，《行政管理改革》2016 年第 2 期。

张一进、张金松：《政府监管与共享单车平台之间的演化博弈》，《统计与决策》2017 年第 23 期。

张园、连楠楠：《机构智能养老服务满意度影响因素研究——基于包头市的经验证据》，《中国人口科学》2019 年第 2 期。

张云翔：《公共服务的共同生产：文献综述及其启示》，《甘肃行政学院学报》2018 年第 5 期。

张云翔：《居家养老服务中的共同生产研究——以上海花木社区乐巢项目为例》，《浙江学刊》2016 年第 1 期。

赵景华、许鸣超、陈新明：《分享经济业态下政府监管的差异化策略研究》，《中国行政管理》2017 年第 6 期。

郑巧、肖文涛：《协同治理：服务型政府的治道逻辑》，《中国行政管理》2008 年第 7 期。

郑石明、吴桃龙：《中国环境风险治理转型：动力机制与推进策略》，《中国地质大学学报（社会科学版）》2019 年第 1 期。

郑雯雯、陈建平：《合作网络治理：共享单车的治理模式选择及其优化对策》，《电子政务》2018 年第 8 期。

仲秋雁、王彦杰、裘江南：《众包社区用户持续参与行为实证研究》，《大连理工大学学报（社会科学版）》2011 年第 1 期。

周劲波、宋站阳：《制度环境视角下众筹创业模式的影响机制研究——基于双重调节效应的模型实证分析》，《重庆社会科学》2020 年第 1 期。

周楠：《城市共享单车协同治理体系构建——基于协同学理论视角》，《改革与战略》2019 年第 7 期。

周蓉蓉、刘海英、靳永辉：《基于区块链技术的共享经济发展路径与对策研究》，《广西社会科学》2018 年第 2 期。

周威：《分享经济视域下社会信用体系建设路径研究——基于共享单车的发展实践》，《征信》2018 年第 2 期。

朱春奎、易雯：《公共服务合作生产研究进展与展望》，《公共行政论》2017 年第 5 期。

4. 学位论文

杨冉冉：《城市居民绿色出行行为的驱动机理与政策研究》，中国矿业大学博士论文，2016。

周定财：《基层社会管理创新中的协同治理研究》，苏州大学博士论文，2017。

二、英文文献：

1. 专著

Aiken L and West S, *Multiple regression：Testing and interpreting interactions*, Thousand Oaks：Sage Publications Ltd, 1991.

Alford J, *Engaging public sector clients：From service-delivery to coproduction*, Palgrave Macmillan, 2009.

Ayres I and Braithwaite J, *Responsive regulation：Transcending the deregulation debate*, Oxford：Oxford University Press, 1992.

Bandura A, *Social foundations of thought and action*, The Health Psychology Reader, 2002.

Blau M, *Exchange and power in social life*, New York：John Wiley, 1964.

Boyle D and Harris M, *The challenge of co-production——How equal partnerships between professionals and the public are crucial to improving public services*, London：New Economics Foundation, 2009.

Demailly D and Novel A S, eds. *The sharing economy：Make it sustainable*, Paris：IDDRI, 2014.

Glasser B G and Strauss A L, *The discovery of grounded theory：Strategies for qualitative research*, New York：Aldine Publishing Company, 1967.

Hair J F, Anderson R E and Tatham R L, et al. *Multivariate data analysis*

（5th ed.）, UK: Prentice Hall International, 1998.

Hayes A F, *An introduction to mediation, moderation, and conditional process analysis: A regression - based approach*, New York: Guilford Press, 2013.

Koopman C, Mitchell M D and Thierer A D, eds. *The sharing economy and consumer protection regulation: The case for policy change*, Social Science Electronic Publishing, 2014.

Kostova T, *Country institutional profiles: Concept and measurement*, Academy of Management, 1997.

Nunally C, *Psychometric theory*, New York: McGraw-Hill, 1978.

Strauss A L, *Qualitative analysis for social scientists*, Cambridge University Press, 1987.

Tajfel H, *Differentiation between social groups: Studies in the social psychology of intergroup relations*, Academic Press, 1978.

Verboven H and Vanherck L, *The sustainability paradox of the sharing economy*, Sustainability Management Forum, Springer Berlin Heidelberg, 2016.

Vroom V H, *Work and motivation*, Oxford: Wiley, 1964.

2. 期刊

Acquier A, Daudigeos T and Pinkse J, "Promises and paradoxes of the sharing economy: An organizing framework", *Technological Forecasting & Social Change*, Vol. 125, 2017.

Alford J, "Co - production, interdependence and publicness: Extending public service - dominant logic", *Public Management Review*, Vol. 18, No. 5, 2015.

Alford J, "The multiple facets of coproduction: Building on the work of Elinor Ostrom", *Public Management Review*, Vol. 16, No. 3, 2014.

Alford J, "Why do public – sector clients co – produce? Toward a contingency theory", *Administration & Society*, Vol. 34, No. 1, 2002.

Alruwaie M, "The role of social influence and prior experience on citizens' intention to continuing to use e – government systems: A conceptual framework", *International Journal of Electronic Government Research*, Vol. 10, No. 4, 2014.

Anderson J C and Gerbing D W, "Structural equation modeling in practice: A review and recommended two-step approach", *Psychological Bulletin*, Vol. 103, No. 5, 1988.

Ansell C, "Collaborative governance in theory and practice", *Journal of Public Administration Research and Theory*, Vol. 18, No. 4, 2008.

Bandura A, "Self – efficacy: Toward a unifying theory of behavioral change", *Psychological Review*, Vol. 84, No. 2, 1977.

Barnes S J and Mattsson J, "Understanding current and future issues in collaborative consumption: A four-stage Delphi study", *Technological Forecasting and Social Change*, Vol. 104, 2016.

Belén del Río A, Vázquez, Rodolfo, et al. "The effects of brand associations on consumer response", *Journal of Consumer Marketing*, Vol. 18, No. 5, 2001.

Belk R, "Sharing", *Journal of consumer research*, Vol. 36, No. 5, 2010.

Belk R, "Why not share rather than own?", *Annals of the American Academy of Political and Social Science*, Vol. 611, No. 1, 2007.

Belk R, "You are what you can access: Sharing and collaborative consumption online", *Journal of Business Research*, Vol. 67, No. 8, 2014.

Bhattache R A, "Understanding information systems continuance: An expectation-confirmation model", *Mis Quarterly*, Vol. 25, No. 9, 2001.

Bonciu F and Bâlgăr A C, "Sharing economy as a contributor to sustainable growth. An EU perspective", *Romanian Journal of European Affairs*, Vol. 16, No. 2, 2016.

Bozeman B, "Public-value failure: When efficient markets may not do", *Public Administration Review*, Vol. 62, No. 2, 2002.

Brandsen T and Pestoff V, "Co-production, the third sector and the delivery of public services", *Public Management Review*, Vol. 8, No. 4, 2006.

Brudney J L and England R E, "Toward a definition of the coproduction concept", *Public Administration Review*, Vol. 43, No. 1, 1983.

Brudney J, "Local coproduction of services and the analysis of municipal productivity", *Urban Affairs Review*, Vol. 19, No. 4, 1984.

Busenitz L W, Carolina Gómez and Spencer J W, "Country institutional profiles: Unlocking entrepreneurial phenomena", *The Academy of Management Journal*, Vol. 43, No. 5, 2000.

Cai S, Long X, Li L, et al. "Determinants of intention and behavior of low carbon commuting through bicycle-sharing in China", *Journal of Cleaner Production*, Vol. 212, 2019.

Campbell E Q and Alexander C N, "Structural effects and interpersonal relationships", *American Journal of Sociology*, Vol. 71, No. 3, 1964.

Cannon, Bryant, Hanna C, "A framework for designing co-regulation models well-adapted to technology-facilitated sharing economies", *Santa Clara High Technology Law Journal*, Vol. 31, No. 1, 2014.

Choi C B and Sheel A, "Assessing the relationship between waiting services and customer satisfaction in family restaurants", *Journal of Quality Assurance in Hospitality and Tourism*, Vol. 13, No. 1, 2012.

Chris Ansell and Alison Gash, "Collaborative governance in theory and practice", *Journal of Public Administration Research and Theory*, No. 18, 2007.

Christensen C M, "The ongoing process of building a theory of disruption", *Journal of Product Innovation Management*, Vol. 23, No. 1, 2006.

Clark P and Wilson J, "Incentive systems: A theory of organizations", *Administrative Science Quarterly*, No. 6, 1961.

Clary E G and Snyder M, "The motivations to volunteer: Theoretical and practical considerations", *Current Directions in Psychological Science*, Vol. 8, No. 5, 1999.

De L A, Valois P, Ajzen I, et al. "Using the theory of planned behavior to identify key beliefs underlying pro-environmental behavior in high-school students: implications for educational interventions", *Journal of Environmental Psychology*, No. 42, 2015.

Deutsch M and Gerard H B, "A study of normative and informational social influences upon individual judgment", *Journal of Abnormal & Social Psychology*, Vol. 51, No. 1, 1955.

Eckhardt G M, Houston M B, Jiang B J, et al. "Marketing in the sharing economy", *Journal of Marketing*, Vol. 283, No. 5, 2019.

Edelman B G and Geradin D, "Efficiencies and regulatory shortcuts: How should we regulate companies like Airbnb and Uber?", *Stanford Technology Law Review*, No. 19, 2016.

Edelman B, Luca M and Svirsky D, "Racial discrimination in the sharing economy: Evidence from a field experiment", *American Economy Journal Applied Economics*, Vol. 9, No. 2, 2017.

Egerton M, "Higher education and civic engagement", *The British Journal of Sociology*, Vol. 53, No. 4, 2002.

Eijk C V and Steen T, "Why engage in co-production of public services?

Mixing theory and empirical evidence", *International Review of Administrative Sciences*, *Vol.* 82, No. 1, 2016.

Emerson K, Nabatchi T and Balogh S, "An integrative framework for collaborative governance", *Journal of Public Administration Research and Theory*, Vol. 22, No. 1, 2012.

Faghih-Imani A, Hampshire R, Marla L, et al. "An empirical analysis of bike sharing usage and rebalancing: Evidence from Barcelona and Seville", *Transportation Research Part A: Policy and Practice*, No. 97, 2017.

Fassinger R E, "Paradigms, praxis, problems, and promise: Grounded theory in counseling psychology research", *Journal of Counseling Psychology*, Vol. 52, No. 2, 2005.

Felson M and Paeth J L, "Community structure and collaborative consumption: A routine activity approach", *American Behavioral Scientist*, Vol. 21, No. 4, 1978.

Fishman E, Washington S and Haworth N, "Bike share's impact on car use: Evidence from the United States, Great Britain, and Australia", *Transportation Research Part D: Transport and Environment*, No. 31, 2014.

Fornell C and Larcker D F, "Evaluating structural equation models with unobservable variables and measurement error", *Journal of Marketing Research*, Vol. 66, No. 6, 1981.

Ganapati S and Reddick C G, "Prospects and challenges of sharing economy for the public sector", *Government Information Quarterly*, Vol. 35, No. 1, 2018.

Grayson K, Johnson D and Chen D F R, "Is firm trust essential in a trusted environment? How trust in the business context influences customers", *Journal of Marketing Research*, Vol. 45, No. 2, 2008.

Hamari J, Sjklint M and Ukkonen A, "The sharing economy: Why people participate in collaborative consumption", *Journal of the Association for Information Science and Technology*, Vol. 67, No. 9, 2016.

Hansen T, "The moderating influence of broad-scope trust on customer-seller relationships", *Psychology & Marketing*, Vol. 29, No. 5, 2012.

Hardin G, "The tragedy of the commons", *Science*, Vol. 162, 1968.

Hartl B, Hofmann E and Kirchler E, "Do we need rules for "what's mine is yours"? Governance in collaborative consumption communities", *Journal of Business Research*, Vol. 69, No. 8, 2016.

Hayes and Andrew F, "Beyond Baron and Kenny: Statistical mediation analysis in the new millennium", *Communication Monographs*, Vol. 79, No. 4, 2009.

Heinrichs H, "Sharing economy: A potential new pathway to sustainability", *Gaia Ecological Perspectives for Science and Society*, Vol. 22, No. 4, 2013.

Henson R K, Kogan L R and Vacha - Haase T, "A reliability generalization study of the teacher efficacy scale and related instruments", *Educational and Psychological Measurement*, Vol. 61, No. 3, 2001.

Hira R and Hira A, "Outsourcing America: What's behind our national crisis and how we can reclaim American Jobs", *American Management Association*, No. 9, 2008.

Holland C and Hill R, "The effect of age, gender and driver status on pedestrians' intentions to cross the road in risky situations", *Accident Analysis & Prevention*, Vol. 39, No. 2, 2007.

Holyoak L, "Psychology in organizations: The social identity approach", *Zeitschrift für Arbeits- und Organisationpsychologie*, Vol. 45, No. 3, 2001.

Hong S and Lee S, "Adaptive governance and decentralization: Evidence from regulation of the sharing economy in multi-level governance", *Government Information Quarterly*, Vol. 35, No. 2, 2018.

Horton J J and Zeckhauser R J, "Owning, using and renting: Some simple economics of the Sharing Economy", *Social Science Electronic Publishing*, 2016.

Hughes D E and Ahearne M, "Energizing the reseller's sales force: The power of brand identification", *Social Science Electronic Publishing*, Vol. 74, No. 4, 2010.

Jessop B, "Capitalism and its future: Remarks on regulation, government and governance", *Review of International Political Economy*, Vol. 4, No. 3, 1997.

Jia L, Liu X and Liu Y, "Impact of different stakeholders of bike-sharing industry on users' intention of civilized use of bike-sharing", *Sustainability*, No. 10, 2018.

Jung J, Shim S W, Jin H S, et al. "Factors affecting attitudes and behavioural intention towards social networking advertising: A case of facebook users in South Korea", *International Journal of Advertising*, Vol. 35, No. 2, 2016.

Kahne J E and Westheimer J, "The limits of political efficacy: Educating citizens for a democratic society", *Political Science and Politics*, Vol. 39, No. 2, 2006.

Kaplan M F and Miller C E, "Group decision making and normative vs informational influence: Effect of type of issue and assigned decision rule", *Journal of Personality & Social Psychology*, Vol. 53, No. 2, 1987.

Kohn A, "Why incentive plans cannot work", *Harvard Business Review*, Vol. 71, No. 5, 1993.

Koop C and Lodge M, "What is regulation? An interdisciplinary concept analysis", *Regulation & Governance*, Vol. 11, No. 1, 2015.

Lan J, Ma Y, Zhu D, et al. "Enabling value co-creation in the sharing economy: The case of Mobike", *Sustainability*, No. 9, 2017.

Levi-Faur D, "The odyssey of the regulatory state: From a 'Thin' mono-morphic concept to a 'Thick' and polymorphic concept", *Law & Policy*, Vol. 35, No. 1, 2013.

Li X, Zhang Y, Sun L, et al. "Free-floating bike sharing in Jiangsu: Users' behaviors and influencing factors", *Energies*, Vol. 11, No. 7, 2018.

Liang H and Shen F, "Birds of a schedule flock together: Social networks, peer Influence, and digital activity cycles", *Computers in Human Behavior*, Vol. 82, No. 5, 2018.

Liang L J, Choi H C and Joppe M, "Exploring the relationship between satisfaction, trust and switching intention, repurchase intention in the context of Airbnb", *International Journal of Hospitality Management*, Vol. 69, 2018.

Mackinnon D P, Lockwood C M, Hoffman J M, et al. "A comparison of methods to test mediation and other intervening variable effects", *Psychological Methods*, Vol. 7, No. 1, 2002.

Malhotra A and Van Alstyne M, "The dark side of the sharing economy and how to lighten it", *Communications of the ACM*, Vol. 57, No. 11, 2014.

Marschall M J, "Citizen participation and the neighborhood context: A new look at the coproduction of local public goods", *Political Research Quarterly*, Vol. 57, No. 2, 2004.

Matzler K, Veider V and Kathan W, "Adapting to the Sharing Economy", *MIT Sloan Management Review*, Vol. 56, No. 2, 2015.

Meyer J W and Scott W R, "Organisational environments: Ritual and rationality", *Administrative Science Quarterly*, Vol. 30, No. 2, 1983.

Miller S R, "First principles for regulating the sharing economy", *Social Science Electronic Publishing*, Vol. 53, No. 1, 2015.

Mitnik B M，"The political economy of regulation：Creating，designing，and removing regulatory forms"，*Contemporary Sociology*，Vol. 10，No. 4，1980.

Nash J F，"Equilibrium points in n－person games"，*Proceedings of the National Academy of Sciences of the United States of America*，Vol. 36，No. 1，1950.

Nikitas A，"Understanding bike－sharing acceptability and expected usage patterns in the context of a small city novel to the concept：A story of 'Greek Drama'"，*Transportation Research Part F：Traffic Psychology & Behaviour*，No. 56，2018.

Oliver R L，"A cognitive model of the antecedents and consequences of satisfaction decisions"，*Journal of Marketing research*，1980.

Onwezen M C，Antonides G and Bartels J，"The norm activation model：An exploration of the functions of anticipated pride and guilt in pro－environmental behavior"，*Journal of Economic Psychology*，Vol. 39，No. 1，2013.

Osborne S P，Radnor Z and Strokosch K，"Coproduction and the cocreation of value in public services：Asuitable case for treatment"，*Public Management Review*，Vol. 18，No. 5，2016.

Ostrom E，"Crossing the great divide：Coproduction，synergy，and development"，*World Development*，Vol. 24，No. 6，1996.

Parls R B，Baker P C，Kiser L，et al. "Consumers as coproducers of public services：Some economic and institutional considerations"，*Policy Studies Journal*，Vol. 9，No. 7，1981.

Parrado S，Van Ryzin G G，Bovaird T，et al. "Correlates of co－production：Evidence from a five－nation survey of citizens"，*International Public Management Journal*，Vol. 16，No. 1，2013.

Price J A, "Sharing: The integration of intimate economics", *Anthropologica*, *Vol.* 17, No. 1, 1975.

Rauch D and Schleicher D, "Like Uber, But for local governmental policy: The future of local regulation of the Sharing Economy", *Social Science Electronic Publishing*, Vol. 76, No. 4, 2015.

Rhodes R A W, "The new governance: Governing without government", *Political Studies*, Vol. 44, No. 4, 2006.

Rich R C, "Interaction of the voluntary and governmental sectors toward an understanding of the coproduction of municipal services", *Administration & Society*, Vol. 13, No. 1, 1981.

Schneider A L, "Coproduction of public and private safety: An analysis of bystander Intervention, 'Protective Neighboring,' and personal protection", *Western Political Quarterly*, 1987, 40 (4): 611-630.

Schor J B, "Debating the sharing economy", *Journal of Self-Governance & Management Economics*, Vol. 4, No. 3, 2016.

Schuijbroek J, Hampshire R C and Van Hoeve W J, "Inventory rebalancing and vehicle routing in bike sharing systems", *European Journal of Operational Research*, Vol. 257, No. 3, 2017.

Shi J G, Si H Y, Wu G D, et al. "Critical factors to achieve dockless bike-sharing sustainability in China: A stakeholder-oriented network perspective", *Sustainability*, Vol. 10, No. 6, 2018.

Si H Y, Shi J G, Wu G D, et al. "Mapping the bike sharing research published from 2010 to 2018: A scientometric review", *Journal of Cleaner Production*, No. 213, 2019.

Stern P C, Dietz T, et al. "A value-belief-norm theory of support for social movements: The case of environmentalism", *Human Ecology Review*,

Vol. 6, No. 2, 1999.

Sun L, Zhou X and Sun Z, "Improving cycling behaviors of dockless bike -Sharing users based on an extended theory of planned behavior and credit- based supervision policies in China", *Frontiers in Psychology*, No. 10, 2019.

Sun Y, Mobasheri A, Hu X, et al. "Investigating impacts of environmental factors on the cycling behavior of bicycle-sharing users", *Sustainability*, Vol. 9, No. 6, 2017.

Uzochukwu K and Thomas J C, "Who engages in the coproduction of local public services and why? The case of Atlanta, Georgia", *Public Administration Review*, Vol. 78, No. 1, 2017.

Vanessa Katz, "Regulating the sharing economy", *Berkeley Technology Law Journal*, No. 30, 2015.

Victor P, "Citizens and co-production of welfare services", *Public Management Review*, Vol. 8, No. 4, 2006.

Victor P, "Collective action and the sustainability of co-Production", *Public Management Review*, Vol. 16, No. 3, 2014.

Wang M and Zhou X, "Bike-sharing systems and congestion: Evidence from US cities", *Journal of Transport Geography*, No. 65, 2017.

Wang Y, Lo H P, Chi R, et al. "An integrated framework for customer value and customer-relationship-management performance: A customer-based perspective from China", *Managing Service Quality*, Vol. 14, No. 2, 2004.

Whitaker G P, "Coproduction: Citizen participation in service delivery", *Public Administration Review*, Vol. 40, No. 3, 1980.

Wu X, Xiao W, Deng C, et al. "Unsafe riding behaviors of shared- bicycle riders in urban China: A retrospective survey", *Accident Analysis & Prevention*, No. 131, 2019.

Xu Y, Chen D, Zhang X, et al. "Unravel the landscape and pulses of cycling activities from a dockless bike-sharing system", *Computers*, *Environment and Urban Systems*, No. 75, 2019.

Yao Y, Liu L, Guo Z, et al. "Experimental study on shared bike use behavior under bounded rational theory and credit supervision mechanism", *Sustainability*, Vol. 11, No. 1, 2019.

Yuge M, Jing L, Thomas T, et al. "Challenges of collaborative governance in the sharing economy: The case of free-floating bike sharing in Shanghai", *Journal of Cleaner Production*, No. 197, 2018.

Zhao K, Stylianou A C and Zheng Y, "Predicting users' continuance intention in virtual communities: The dual intention-formation processes", *Decision Support Systems*, Vol. 55, No. 4, 2013.

附　录

附录 A：关于公众参与共享单车
管理服务共同生产的访谈提纲

表 A-1　访谈提纲（"单车猎人"等志愿者）

访谈主题	内容提纲
参与共享单车志愿服务的原因	您为什么会成为一名"单车猎人"？（或为什么会参与到共享单车志愿管理服务中来） 您身边有其他人是"单车猎人"成员（或共享单车志愿者）吗？ 请谈谈你对"单车猎人"（或共享单车志愿管理服务）的看法和感受
共享单车志愿服务中遇到的问题	您在开展共享单车志愿服务中遇到哪些困难？是如何解决的？ 您是如何看待当前人们乱停放、破坏、私占共享单车等不文明现象的？
引导公众参与共享单车服务共同生产活动中的措施	您觉得哪些因素有助于鼓励人们文明骑行共享单车？ 您觉得公众为什么做不到文明骑行，主要障碍有哪些？ 您认为要实现文明骑行共享单车，还需要从哪些方面努力？ 您觉得如何让更多人参与"单车猎人"等志愿管理活动中来？
持续参与共享单车服务共同生产的意愿	您以后会继续参加共享单车管理等公共志愿服务活动吗？ 您周围是否有退出共享单车志愿管理服务活动的现象吗？ 您觉得是什么原因导致部分志愿者失去了参与管理维护共享单车等公共志愿服务活动的积极性？

　　注：访谈对象：（1）天津市南开区某社区志愿服务者团体；（2）上海市"单车猎人"志愿者团体；（3）其他"单车猎人"志愿者。

表 A-2　访谈提纲（单车企业管理人员）

访谈主题	内容提纲
规范骑行共享单车的现状及原因	您是如何看待乱停乱放、私占、破坏共享单车等现象的？ 您认为部分人为什么会乱停乱放、私占、破坏共享单车呢？ 您觉得人们为什么做不到文明骑行，主要障碍有哪些？ 您是如何看待部分人主动参与共享单车管理志愿服务的？
引导公众规范骑行单车的措施	您认为应如何解决人们不文明使用共享单车的问题，采取哪些措施？ 您认为应该如何调动公众参与共享单车协同管理的积极性？ 您是如何与共享单车志愿者进行沟通、协调与合作的？
未来加强共享单车志愿服务的措施	您所在企业采取了哪些措施来协助共享单车志愿者持续开展相关志愿服务工作？ 您认为是什么原因导致部分志愿服务者退出了共享单车协同管理志愿服务活动？

注：访谈对象：（1）天津市哈啰单车调度员；（2）天津市摩拜单车调度员；（3）天津市摩拜单车天津分公司负责人；（4）太原市哈啰单车太原分公司负责人。

表 A-3　访谈提纲（政府部门工作人员）

访谈主题	内容提纲
共享单车使用现状	您认为共享单车的出现给社会带来哪些影响？ 您是如何看待部分人乱停乱放、私占和破坏共享单车的？ 您认为公众的非文明骑行会给社会带来哪些后果？
不规范使用共享单车的原因	您认为出现不规范骑行共享单车的原因是什么？
影响公众规范骑行共享单车的因素	您认为应该如何引导人们规范骑行共享单车？ 为了解决共享单车带来的社会问题，政府采取了哪些措施？ 当地是否有"单车猎人"等志愿者群体，您如何看待他们的行为？
未来促进共享单车管理志愿服务活动的措施	当地政府是如何协助共享单车志愿者持续开展工作的？ 您认为是什么原因导致部分志愿服务者退出了共享单车志愿服务活动？

注：访谈对象：（1）天津市南开区综合执法局工作人员；（2）天津市河北区综合执法局工作人员；（3）太原市鼓楼街道办工作人员；（3）太原市交通运输局工作人员。

表 A-4　访谈提纲（共享单车用户）

访谈主题	主要内容提纲
对共享单车的 认知情况	您认为共享单车给社会带来哪些影响？ 为什么要文明骑行共享单车？ 您认为不文明骑行共享单车行为会产生哪些影响？
共享单车的使 用现状	您周围的人是否能做到规范骑行，他们是如何做的？ 您本人有没有做到文明规范骑行？为什么？
影响规范骑行 共享单车的 主要因素	您觉得哪些因素会影响人们规范骑行共享单车？ 您觉得部分人为什么做不到文明骑行，主要障碍有哪些？ 您认为要实现文明骑行共享单车，还需要哪些努力？ 您是否愿意参与"单车猎人"等共享单车志愿服务活动？为什么？

注：访谈对象为共享单车用户及相关群体人员。

附录 B：公众参与共享单车协同监管的问卷

尊敬的受访者：

感谢您能够参与此次调查。我们是天津大学管理与经济学部的科研小组，此次调查是为了了解公众在骑行和使用共享单车的基本情况，引导更多人参与到共享单车的协同治理中，以便帮助政府和企业制定出更加合理的监管政策。此次调查仅作为科学研究之用，答案无对错之分，请放心填写。我们会依据《中华人民共和国统计法》切实保护您的个人信息，感谢配合。

一、公众共同生产行为

1. 遵从共享单车服务规范行为：

（1）我从不会为了个人骑行方便将共享单车据为己有

（2）我总能做到将共享单车停放在规范停放点内（如白线区域）

（3）我从来没有过涂抹车牌等破坏共享单车的行为

（4）我骑行共享单车时，我总能自觉遵守交通规则

2. 参与共享单车监管维护行为：

（1）看到其他人乱停放、私占或破坏共享单车时，我会尽力劝阻

（2）看到被恶意破坏的共享单车时候，我会向共享单车企业反馈举报

（3）我会参与共享单车的用户调查向企业提出使用中相关的问题和建议

（4）我会参加关于共享单车的相关志愿服务活动

二、社会交换因素

1. 物质激励：

（1）我认为，乱停放、私占和破坏等非文明使用共享单车行为会使我的利益受到损害

（2）文明骑行与停放共享单车行为能够让我获得信用积分奖励

（3）我曾因乱停放、私占和破坏等非文明使用共享单车行为而受到处罚

（4）我曾因主动参与共享单车维护管理等活动而受到奖励

2. 精神激励：

（1）我认为，主动参与共享单车维护管理会受到表彰

（2）我曾因为做到文明骑行和规范停放共享单车而受到表彰

（3）我认为，乱停乱放共享单车行为可能会被他人批评和制止

（4）我曾因将共享单车据为己有而被人批评制止

3. 社交激励：

（1）我周围的人（如家人和朋友）都能够规范停放以及文明骑行共享单车

（2）对我有影响的人（如老师和领导）鼓励我主动参与共享单车的维护管理

（3）我认为，主动参与共享单车维护管理的行为会受到周围人的赞许

（4）我认为，乱停乱放和私占破坏等非文明使用共享单车行为会受到他人谴责

4. 规范感召：

（1）乱停乱放共享单车是不文明的行为

（2）为了个人骑行方便而将共享单车据为己有会使我内心不安

（3）我认为，乱停乱放、私占和破坏共享单车违背了我的价值观念

（4）主动参与共享单车监管维护会给我带来成就感

三、社会心理因素

1. 自我效能：

（1）对我而言，文明骑行和规范停放共享单车是一件很容易做到的事

（2）我经常活动的区域有完善的基础设施确保规范停放共享单车（如白线停放区域、电子围栏、推荐停车点等）

（3）我对共享单车的使用规范足够了解，知道如何才算文明骑行及规范使用共享单车

（4）我相信，我有足够的能力去参与共享单车服务的管理维护活动

2. 结果期望：

（1）我相信，我的规范使用共享单车行为有助于改善我所居住地区的市容面貌

（2）我相信，我的规范使用共享单车行为有助于改善我所居住地区的交通秩序

（3）我相信，我的规范使用共享单车行为有助于为其他人的出行提供便利

（4）我相信，我主动参与共享单车管理维护行为有助于促进共享单车的可持续发展

3. 服务认同：

（1）文明骑行共享单车符合我的个性形象

（2）我认同共享单车提倡的绿色出行价值观

（3）我认同共享单车在日常交通出行中发挥的重要作用

（4）我是共享单车服务的积极支持者

四、人口统计变量

（1）性别（1＝男，2＝女）

（2）年龄（1＝12～18岁，2＝19～25岁，3＝26～35岁，4＝36～45岁，5＝46及以上）

（3）学历（1＝高中及以下，2＝专科，3＝大学本科，4＝研究生及以上）

（4）收入（≤2500，2501—5000，5001—7500，7501—10000，>10000）

（5）周均骑行次数（1＝5次及以下，2＝6～12次，3＝13～20次，4＝21次及以上）

附录 C：公众持续参与共享单车协同监管的问卷

尊敬的受访者：

　　感谢您能够参与此次调查。我们是天津大学管理与经济学部的科研调查小组，此次调查是为了了解公众持续参与共享单车公共服务共同生产的动机，以推动共享单车协同治理的良性运行，帮助政府和企业制定出更加合理的监管政策。此次调查仅作为科学研究之用，答案无对错之分，请放心填写。我们会依据《中华人民共和国统计法》切实保护您的个人信息，感谢配合。在填答问卷之前，请您先确认是否曾参与过共享单车的监管维护活动，包括劝阻乱停乱放共享单车等行为、反馈举报私占破坏单车的现象、向企业提出问题建议以及参与维护共享单车正常使用等相关志愿服务活动（1＝是，2＝否）。

一、公众的持续性共同生产行为

　　（1）未来我会继续配合管理者参与共享单车的管理维护

　　（2）未来我会继续向共享单车企业反馈举报各种违规使用行为

　　（3）未来我会继续参加清理废旧共享单车等相关志愿服务活动

　　（4）未来我会继续参与用户调查以便向管理者提出相关的问题和建议

二、公众满意度

　　（1）总体上，我对以往参与过的共享单车监管服务活动感到满意

　　（2）我觉得，参与共享单车管理维护活动的实际效果超出了我的预期

　　（3）我觉得，参与清理废旧共享单车等相关志愿服务活动经历给我良好的体验

（4）我对上次向共享单车企业举报有人违规使用共享单车的经历感到满意

三、感知价值

（1）总的来说，我在参与共享单车监管维护中的付出是值得的

（2）我认为，在参与清理废旧共享单车等相关志愿服务活动中交到很多朋友

（3）我认为，向共享单车企业举报违规停放共享单车的行为让我心情舒畅

（4）我认为，我参与共享单车监管维护取得的实际效益与我所付出的时间和精力是等值的

四、同侪影响

（1）在决定是否参与共享单车的相关志愿服务活动前，我会咨询同侪伙伴的意见

（2）社交网络上"单车猎人"志愿者的事迹会影响我参与共享单车监管维护的决策

（3）我的同侪伙伴告诉我参与共享单车监管维护活动的重要价值和意义

（4）我的同侪伙伴鼓励我继续参与共享单车的监管维护活动

五、制度环境

（1）政府管理者以及相关部门积极鼓励公众参与共享单车的协同监管

（2）政府管理者以及相关部门对公众参与共享单车协同监管有支持政策

（3）政府管理者以及相关部门为公众参与共享单车协同监管创设了良好的条件和环境

（4）政府管理者以及相关部门会为公众参与共享单车协同监管提供

各种各样的协助

六、人口统计变量

（1）性别（1＝男，2＝女）

（2）年龄（1＝20 岁及以下，2＝21~30 岁，3＝31~40 岁，4＝41~50 岁，5＝51 及以上）

（3）学历（1＝高中及以下，2＝专科，3＝大学本科，4＝研究生及以上）

（4）收入（≤3000，3001—6000，6001—9000，＞9000）

致　谢

　　春去秋来，弹指一挥间四年已逝。我曾经无数次幻想自己博士毕业的场景，而然真到此刻，却有千万般不舍。回顾十几年来的求学之路，有过煎熬与彷徨，但更多的是进步与喜悦。幸好，在导师的悉心指导、同学老师的热情帮助以及父母爱人的默默支持下，我终于等到人生中这至关重要时刻。

　　首先，我要衷心感谢我的导师孙兰英教授。从硕士进入师门直至博士毕业，老师不仅为我打开了实现人生理想的大门，更帮助我踏上继续追求学术梦想的征程。孙老师如同我人生的指路明灯，不断指引我前行的方向。在六年的时光中，她以渊博的专业知识，严谨的治学态度和高尚的人生品格指导我的科研与生活。从博士研究方向的确定、科研论文的撰写修改、学术瓶颈的突破直至博士论文的最终定稿，每一个环节均倾注了恩师的心血和汗水。老师的恩义仅靠寥寥数语难以言尽，唯有修身治学、秉承其志，在今后的生活中以实际行动来回馈师恩。

　　其次，我要感谢一起并肩战斗的同学和朋友，是大家的支持和陪伴让我不畏艰难，勇攀高峰，这段美好时光将成为我一生珍视的温暖回忆。感谢师兄陈嘉楠、师姐陈艺丹以及师妹李晓燕的热心帮助与指导。在跨专业读博的艰辛旅途中，是你们带我迅速步入科研正轨，使我的学术视野、科研能力能够在较短时间得到迅速提升。感谢我的同学孙兆辉、孙雪松、苏长好、候光辉、周博文、廖志明、蔡克元、戴鹏飞、吴军、杨若愚、秦芳等在学习、生活中提供的巨大帮助，让我能够在这四年时间里保持乐观向上的心态，激励我不断向着人生目标前进。

最后，我要感谢远在山西等待我回家的爱人，她殷切的期望和无微不至的关怀是我努力向上的强大动力。从山西师大到天津大学，从青春懵懂到而立之年，是你的爱与陪伴，使我在求学之路上不再孤独。在即将展开的生活新篇章中，愿我们彼此携手，幸福快乐地度过一生。

亲情如山，寸草春晖。最后，感谢为我操劳一生的父母，感谢你们无怨无悔支持我完成学业，愿你们永远健康快乐！

二〇二〇年八月，于北洋园

周　星